*Hannes Burger · Walter Sedlmayrs Salvator-Reden*

*»Es mag ja sei,*
*daß der Salvator*
*heier wieder*
*ganz himmlisch schmeckt…*

*…aber oans sag i Eana,*
*Herr Dings,*
*und des soll sich*
*der Ganzander aa merka…*

*…es gilt nach wie vor*
*der Wahlspruch:*
*gut, besser, Sedlmayr!*
*Auf des derfan S'*
*jetzt trinka – Prost Gemeinde!«*

# *Hannes Burger*
# *Walter Sedlmayrs Salvator-Reden*

*Mit Zeichnungen von*
*Dieter Hanitzsch,*
*Ernst Maria Lang und Ernst Hürlimann*

*Süddeutscher Verlag München*

Umschlaggestaltung und Layout: KONTRASTE-Grafik, Illustration, Design GmbH, Sigrid Meggendorfer. Titelfoto: Klaus Fischhold (mit freundlicher Genehmigung der Paulaner-Brauerei, München).

Bildnachweis:
Die 33 Schwarzweiß-Fotos, vom Archiv der Paulaner-Brauerei freundlicherweise für dieses Buch zur Verfügung gestellt, stammen von den Fotografen Klaus Fischhold, Jochen Harder und anderen.
Die Illustrationen im historischen Teil stammen aus dem Gästebuch des Salvator-Kellers und sind während den Salvator-Proben aus dem Stegreif entstanden. Für deren Nachdruck danken Autor und Verlag ebenfalls der Paulaner-Brauerei.

13.–17. Tausend März 1987,
erweitert um die Salvator-Rede 1987

ISBN 3-7991-6310-7

Druck und Bindearbeit: Kösel, Kempten.

## *Inhalt*

*Vorwort oder*

# *Mit Salvator gegen den Bierernst*

*Könnt ihr ergründen,*
*Soll ich's euch künden,*
*Was unsere Brust*
*erfüllet mit Lust?*

Bevor noch ein Leser auf falsche Gedanken kommt und bei längerem Nachdenken am Ende eine unsittliche Antwort gibt, sei gleich der Hinweis angefügt, daß diese Frage in einem alten Gästebuch des Salvator-Kellers auf dem Nockherberg aufgeworfen wird. Der unbekannte Herr Reimeschmied spricht also wohl selbstverständlich vom Stammvater aller in zahllosen »-ator«-Variationen ausgeschenkten bayerischen Fastenbiere, wenn er das Rätsel im nächsten Vers selber löst:

*Das ist das braune Bier im Krug.*
*Das ist die Kanne Zug für Zug.*

Die »Wallfahrt auf den heiligen Berg«, womit der weniger fromme Münchner nicht Andechs, sondern den Nockherberg meint – also kurz »der Salvator« – gehört zum Jahresablauf der lebenslustigen bayerischen Landeshauptstadt ebenso wie der Fasching, der Maibock, die Biergartenzeit, das Oktoberfest und die Nikolaus- oder Weihnachtsfeiern. Darum wird der festliche Ausschank des traditionellen Fasten-Starkbieres auf dem Nockherberg auch mit einem ebenso traditionellen Auftakt-Spektakel eröffnet: der Salvator-Probe.

Dazu findet sich stets die bayerische Prominenz aus Politik, Wirtschaft und Kultur zur Gratis-Bierprobe ein. Als Gegenleistung für das Freibier und als Tribut an das nichteingeladene Volk, das sich seinen Salvator selber kaufen muß, dürfen sich die Großkopferten dann von einem Festredner saftig naufschießen und recht hinterfotzig derblecken lassen. Und manchmal wird ihnen auch dabei sauber eingeschenkt!

Seit vielen Jahren wird im Bayerischen Rundfunk und Fernsehen das (augenzwinkernd) feierliche Anstich-Zeremoniell übertragen, wenn der Brauereichef dem bayerischen Ministerpräsidenten einen Probeschluck vom neuen Salvator kredenzt.

Aber die Popularität dieser Sendungen, die mit die höchsten Einschaltquoten des Jahres erreichen, kommt wohl weniger von der Feierlichkeit dieser klassischen Kredenz-Szene mit der traditionellen Aufforderung »Salve pater patriae! Bibas, princeps optime!« Das heißt auf deutsch: »Sei gegrüßt, Vater des Vaterlandes! Trinke, bester Fürst!« In ein demokratisches Bayerisch übersetzt heißt es in etwa: »Grüäß di Gott, Landesvatta! Da, nimm an fürstlichen Schluck, guater Mo!«

Was das Volk vor dem Radio und Fernseher ebenso wie den rund 600 geladenen Gästen auf dem Nockherberg an der Salvator-Probe am besten gefällt, ist das lustige Rahmenprogramm, das in seiner Art einmalig und außerhalb Bayerns so kaum vorstellbar ist. Der Brauch, den Salvator-Ausschank mit einer heiteren Ansprache zu eröffnen und mit komödiantischem Spiel oder lustigen musikalischen Darbietungen zu umrahmen, geht auf das Jahr 1881 zurück, als der Münchner Humorist Jakob (»Papa«) Geis die erste Krüglrede dazu hielt.

Seit dieser Zeit hat das Programm der Salvator-Proben viele Variationen durchgemacht, doch das Konstante war immer die Festrede. Die anwesende Prominenz, vor allem die Politiker, wurden dabei meist auf gut Bayerisch leicht naufgeschossen – manchmal boshaft, manchmal in ironischer Schmeichelei. Oder sie haben sich

in eigenen Beiträgen selber auf den Arm genommen.
Erst in den letzten Jahrzehnten wurde das Programm immer politischer, vor allem seit der Rundfunk-Redakteur Emil Vierlinger in witzigen und geistreichen Festreden die alte bayerische Wirtshaus-Tradition des »Derblekkens« politisch kultivierte und die von Olf Fischer aufgebaute Spielgruppe immer mehr die politische Parodie pflegte.
Von 1982 bis 1986, also bis zum Erscheinen dieses Buches fünfmal, hat inzwischen der weit über Bayern hinaus bekannte und für seinen hintergründigen Humor berühmte Schauspieler Walter Sedlmayr die Festreden gehalten. Für mich war es eine große Ehre und Herausforderung, mit ihm die Texte erarbeiten und sie für ihn schreiben zu dürfen. Fünf Jahre sind auch in unserer schnellebigen Zeit und trotz der zunehmenden »Kurzatmigkeit« unserer Politik ein Zeitraum, der noch einigermaßen gut zu überblicken ist. Darum soll dieses Buch die Möglichkeit bieten, die bisherigen fünf Salvator-Reden von Walter Sedlmayr nachzulesen.
Eine vorangestellte kurze Geschichte des Salvators und des Salvator-Ausschanks auf dem Nockherberg soll den Zusammenhang darstellen und die allmähliche Entwicklung dieser volkstümlichen Traditionsveranstaltung ein wenig erklären. Selbstverständlich ohne Anspruch auf Vollständigkeit. Aber ein gewisser historischer Überblick kann gerade in einem geschichtsbewußten Land wie Bayern die Bewertung gewachsener Bräuche erleichtern und gleichzeitig auch die heute allgemein verbreitete Neigung zur politischen Überbewertung solcher Ereignisse dämpfen.
Wie schön und wichtig wäre es für die gewachsene politische Kultur in Bayern, wenn es allen künftig an der Gestaltung der Salvator-Probe beteiligten Brauereichefs, Künstlern und Autoren weiterhin gelänge, gerade bei diesem berühmtesten Starkbierfest der Politik den so verhängnisvollen Bierernst zu nehmen. Vielmehr sollte man der politischen Verbiesterung weiterhin mit Hilfe des bayerischen Humors wenigstens einmal im Jahr eine menschliche Auflockerung verschaffen – und damit eine versöhnliche Dimension über Parteigräben und Machtbarrieren hinweg.
Prost Salvator!

Hannes Burger.

# *„War im März gen Judica wiederum der Frühling nah..."*

## *Die Geschichte des Salvator-Ausschanks*

Nachweislich seit 1634 brauten die Paulanermönche Bier und schenkten im Kloster Neudeck ob der Au bei München Bier aus, was die neidischen Münchner Privatbrauer mit einem Beschwerdebrief gegen den illegalen öffentlichen Ausschank dokumentierten. Aber es dauerte noch über hundert Jahre, bis vom kurfürstlichen Hof ein Ausschank außerhalb der klösterlichen Selbstversorgung nicht mehr bloß huldvoll geduldet, sondern offiziell erlaubt wurde.

Im Jahr 1745 wurde laut einer Urkunde im Münchner Stadtarchiv dem Tannenwirt in der Au der Bierbezug von den Paulanern zum »Verschleiß« (Ausschank) bewilligt. Ein kurfürstliches Mandat vom 31. März 1751 bedeutete einen weiteren Meilenstein im Paulaner-Bräuwesen. Es erlaubte endlich ausdrücklich den öffentlichen Bierausschank am Festtag des Ordensgründers, des hl. Franz von Paula, am 2. April.

Zur Eröffnung des Fastenbier-Ausschanks war es seither Brauch geworden, daß Kurfürst Karl Theodor mit seinem ganzen Hofstaat am 2. April zum Kloster Neudeck ob der Au zog, um das vorzügliche Fastenbier oder Sanktvateröl der Paulaner zu probieren. Zu besonderem Ruf war dieser köstliche Saft unter der Ägide des Braumeisters Frater Barnabas Still gekommen. Später wurde dieser Starkbier-Ausschank weiter an den Beginn der Fastenzeit gelegt und in den März, rund um den »Josefitag«, vorgezogen.

Diese kurfürstliche »Amtshandlung« nebst Huldigung durch den Frater Barnabas, der den Humpen kredenzte, beschreibt ein nettes Gedicht aus den neunziger Jahren des vorigen Jahrhunderts. Um diese Tradition mit dem damals bereits früheren Salvator-Ausschank zu synchronisieren, hat der Verfasser, Eduard Ille, in dichterischer Freiheit einfach auch den kurfürstlichen Besuch in den März vorverlegt. Daraus sieht man, daß in Bayern die Landesgeschichte notfalls des Bieres wegen umgeschrieben werden muß, damit sich wieder alles zusammenreimt:

*»War im März gen Judica*
*wiederum der Frühling nah*
*kam – zu ehren alte Sitten –*
*der Herr Kurfürst selbst geritten*
*auf die Neudeck ob der Au*
*zum Paulaner Klosterbau.*
*Dort empfing den Landesvater*
*Barnabas, der Bräuhausfrater,*
*ihm beglückt und freudeglänzend*
*einen Humpen Bier kredenzend*
*mit dem Gruß der bis zur Stunde*
*sich erhielt im Volkesmunde:*
*»Salve, pater patriae!*
*Bibas, princeps optime!«*

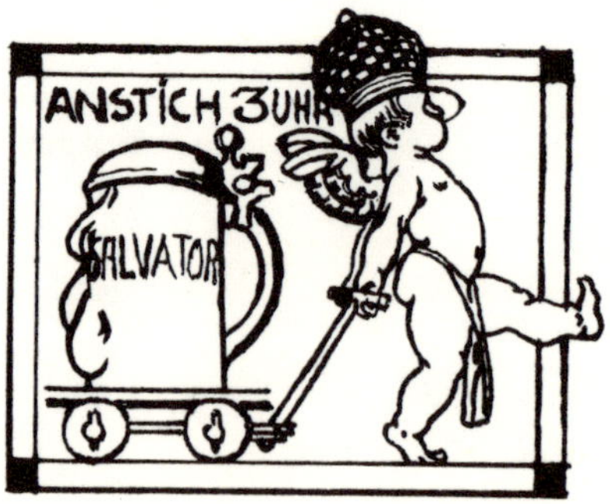


Fast ein Jahrhundert später hat König Ludwig I. mit einer Kabinettsverordnung den Weg zum ungehinderten Ausschank des Salvators (ungehindert vom königlichen Fiskus!) freigemacht. Nur König Ludwig II. scheint ein gebrochenes Verhältnis zum Bier gehabt zu haben. Darum war er wohl auch so unglücklich. Bierverstand hat dagegen stets der leutselige Prinzregent Luitpold bewiesen, was ihm seine Landeskinder bei der traditionel-

len Eröffnung des Salvator-Ausschanks immer regelmäßig mit einer donnernden Huldigung zum Abschluß der offiziellen Eröffnung dankten: »Ein Hoch auf den Prinzregenten!«
So haben zuerst die Paulanermönche und später ihre Nachfolger in der Braustätte drunten in der Au und droben in Giesing ein besonders gutes Verhältnis zu dem jeweiligen Landesvater unterhalten. Zum Nachteil hat dies beiden nie gereicht. Darum haben auch nach dem Zweiten Weltkrieg die demokratisch gewählten Ministerpräsidenten sowie die Münchner Oberbürgermeister ohne Not keine Salvator-Probe ausgelassen.
Die Bier-Spezialität, die wir heute Salvator nennen, ist viel älter als ihr Name. Auch die Herkunft des Bieres ist nicht so umstritten wie die Entstehung des Begriffes. Sicher ist, daß der Name »Salvator« bis zur Aufhebung des Paulanerklosters noch nicht in dieser präzisen Form eingeführt war. Aber aus dem letzten Sudjahr der Mönche gibt es im Staatsarchiv München eine Bräuhausrechnung des Klosters, die als erste noch erhaltene urkundliche Erwähnung einer bis dahin üblichen speziellen Bierart der Paulanerbrauerei gelten kann. Darin ist festgehalten, daß sie außer dem üblichen Sommer- und Winterbier noch an acht Tagen im Jahr (nämlich im Dezember und Januar) eine besondere Art Bier gesotten und eingelagert haben, das sie – wie andere Klöster auch – »Herrenbier« genannt haben.
Das heißt aber nicht, daß dieses Bier etwa nur für die adlige Obrigkeit gedacht war. Dieser Name dürfte nichts anderes bedeutet haben als Fastenbier, weil bei allen »Herrenfesten«, vor allem vor Weihnachten und Ostern, die strengsten Fastengebote galten. Diese sind zumindest von den Ordensleuten auch strikt eingehalten und mit Starkbier erträglicher gemacht worden.
Der Ingolstädter Universitätsprofessor Franz Xaver Moshamm schrieb 1791 in seinem Werk »Über das Bierbraurecht in Baiern« darüber ganz lapidar: »In den Baierischen Klöstern wird gewöhnlich zweierlei Bier gebrauet. Das beste, das in diesen Herrnbier genennet wird, trinken die Herrn Religiosen selbst«.
Eine bessere Qualitätsgarantie für dieses Bier kann es eigentlich gar nicht mehr geben. Und der bayerische Jurist Heinrich Huber, der über die Entstehung des Salvators eine gründliche Arbeit geschrieben hat, stellt fest: »Wir dürfen mit gutem Grund annehmen, daß dieses Herrenbier mit dem später sogenannten Salvatorbier identisch ist«.
Heute kann die Paulanerbrauerei

*Die Illustrationen entnehmen wir, mit freundlicher Genehmigung von Paulaner-Bräu, dem Gästebuch des Salvator Kellers.*

froh sein, daß sich der Name »Herrenbier« nicht gehalten hat. Da könnte nämlich in demokratischen Zeiten leicht der Eindruck entstehen, hier handle es sich nicht um ein Volksgetränk, sondern um ein privilegiertes Luxusbier nur für die feinen Herren, die oberen Zehntausend. Und kein königlich-bayerischer Sozialdemokrat könnte dann jemals wieder zur Salvator-Probe kommen und sich derblecken lassen.

Außerdem könnte bei dem Begriff »Herrenbier« das schlimme Mißverständnis auftreten, daß gerade dieses Bier, das vielen Damen besser schmeckt als manche herbe Sorte, ein patriarchalisches Männerreservat sei.

Aber wie kam nun dieses einzige »Herrenbier«, das sich in ungebrochener Tradition von den Mönchen bis heute gehalten hat, später zu dem Namen »Salvator«? Dafür gibt es nicht nur eine gute Erklärung, sondern sogar zwei – im Sinne der Liberalitas Bavarica gewissermaßen zum Aussuchen. Nimmt man noch die These dazu, daß es sich nur um eine lautmalerische Übertragung des Kredenzspruches »Salve pater« auf das Bier handelt, dann wären es sogar drei Varianten.

Lange Zeit ging man in München und auch in der Paulanerbrauerei selbst davon aus, daß folgende, aus dem Volksmund entstandene Begriffsentwicklung dahintersteht. Der öffentliche Ausschank des stärkeren Herren- oder auch Fastenbieres erfolgte jeweils am 2. April, dem Hauptfest des Ordensgründers, des heiligen Franziskus von Paula. Die Mönche selber nannten den Ordensstifter ihren Heiligen Vater oder lateinisch: Sanct Pater. Das Volk aber übertrug diese Bezeichnung auf alle Mönche und nannte jeden ihrer Ordenspriester – auch wenn sein Wandel nicht gerade heiligenmäßig war – »Heiliger Vater« oder »Sanct-Pater«. Das besonders begehrte Spezialbier der Mönche, das zum Sanct-Pater-Fest ausgeschenkt wurde, nannte man deshalb auch »Heilig-Vater-Öl« oder »Sanct-Pater-Bier«. Es spricht einiges dafür, daß sich in der Umgangssprache das »Sanct-Pater« – oder in der Mischform auch »St.-Vater-Bier« allmählich abgeschliffen hat zu Salvator-Bier.

Die zweite Erklärung, die auch einige Glaubwürdigkeit hat, geht von der Tatsache aus, daß es in der Au nicht nur eine Salvator-Kirche gegeben hat, sondern auch ein »Benefizium ad Sanctissimum Salvatorem«, kurz »Salvator-Benefizium«. Diese fromme Stiftung gehörte zwar selbst zur Pfarrei St. Peter, besaß aber drei Bauernhöfe in Ober- und Untergiesing, von denen das Paulaner-Kloster einen erwarb. Die Mönche freilich waren auf lange Sicht nur an dem großen Märzenbierkeller interessiert, der unter dem Hof lag – in der kühlen Obergiesinger Höhe über der Isar. Das Gut verkauften sie deshalb schon bald wieder und behielten nur diesen Bierkeller als Lagerstätte in Benützung. Dafür aber mußten sie dem neuen Besitzer jährlich »zwei Eimer braunes Bier« verabreichen. Ob da nun hauptsächlich das gelieferte oder das dort gelagerte Bier gemeint war, jedenfalls gab es langjährige Beziehungen zwischen der Paulanerbrauerei und dem Märzenbierkeller, der zum Salvator-Benefizium gehörte.

Das Wahrscheinlichste dürfte da wohl sein, daß beide Wege zum gleichen Ergebnis geführt haben: Die Zusammenhänge aus der zweiten Erklärung ergeben nämlich eine Bestätigung und eine neue, verständlichere Deutung für den verballhornten Begriff aus der ersten Variante.

Vermutlich dürfte nach der Säkularisation des Klosters der neue Besitzer der Brauerei, Franz Xaver Zacherl, kurzerhand einen Schlußstrich unter diese Wortspielereien und Begriffsvariationen gezogen haben. Wie es eben zu einem geschäftstüchtigen und autoritären Bräu paßt, denn in seinem jahrzehntelangen Rechtstreit im Kampf um sein spezielles Lu-

xusbier brauchte er einen genauen Namen dafür. Und da drängte sich aus solchen Überlegungen heraus schließlich nur einer auf: Salvator!
Mit diesem »Salvator« ist deswegen eine neue Geschmacksrichtung kreiert worden, weil hier durch besondere Würzekochung und Würzekühlung von Anfang an eine neue Bierart, nämlich der Doppelbock entstanden ist. In der Grundrezeptur ist der Salvator von Beginn der Brauzeit im Kloster Neudeck ob der Au bis zum heutigen Tag in der hochmodernen Paulaner-Braustätte unverändert und damit auch in Geschmack und Qualität ein unverwechselbares Bier geblieben.
Der Stammvater aller später imitierten »-ator«-Biere, der Salvator, verdankt aber seine heutige Popularität nicht nur der Tradition der Mönche, sondern auch dem braven Mann, der 1806 die Paulanerbrauerei vom Johanniterorden zunächst pachtweise und dann ab 1813 auch käuflich erworben hat: dem schon erwähnten Brauer Franz Xaver Zacherl. Er hat von Anfang an bewußt die Paulaner-Brautradition fortgesetzt und sich auch treu an den jährlichen Ausschanktermin für das Fastenbier in der Oktav des Festes Franz von Paula gehalten. Insgesamt dreißig Jahre lang hat er um die rechtlichen Voraussetzun-

gen für den Salvator-Ausschank und vor allem für einen höheren Starkbierpreis gekämpft.
Wegen der fortgesetzten behördlichen Schwierigkeiten, insbesondere ab dem Jahr 1828, entschloß sich Zacherl im Jahr 1836, einen neuen, ungewöhnlichen Weg zu beschreiten. Er wandte sich mit einer »Immediatseingabe« an König Ludwig I. selbst. Darin bat er, das dem Bräuhaus mit dem Kaufbrief überlassene Recht endlich anzuerkennen und zu bestätigen, Salvatorbier alljährlich brauen und acht Tage lang in der Oktav des hl. Franz von Paula um einen »angemessenen höheren Preis« ungestört und unwiderruflich ausschenken zu dürfen. Der Fiskus hatte daran Anstoß genommen, daß Zacherl sein Bier zu einem höheren als dem in der allgemeinen bayerischen Biertaxe festgesetzten Satz verkaufte.
König Ludwig I. forderte als erstes von seinem Finanzministerium ein Gutachten an. Dieses erstellte Graf Seinsheim, Staatsrat und Präsident der Regierung des Isarkreises. Es fiel überraschend positiv für Zacherl aus. Was Graf Seinsheim nun in seinem Bericht an den König schrieb, ist so aufschlußreich, daß man es ruhig wörtlich in Erinnerung rufen soll: »Seit ich denke, und das ist denn doch schon eine geraume Zeit von Jahren, findet dieser Ausschank um das Fest des Heiligen Vinzenz von Paula (gemeint ist Franz von Paula/Anmerkung d. Verf.) statt. Das Publikum ist nicht nur daran gewöhnt, sondern es hängt an demselben wie dem Einbocke mit seiner Art von Leidenschaftlichkeit an, ja manche Menschen erblicken in dem Genusse dieses Getränks, wie in jenem des Einbocks, den Beginn einer Art Frühlingskur. Das Volk von München, selbst der im ganzen genommen geringe Pöbel, ist das lenksamste und ruhigste von der Welt, wie sich dieses auch während der Dauer der Brechruhr glänzend erwiesen hat. Allein in seinem Vergnügen läßt es sich nicht gerne stören, am wenigsten läßt es sich gern herkömmliche Freuden und Genüsse nehmen.
Diese Rücksichten waren es, die stets eine Konivenz gegen Zacherl herbeiführten, und die bisher jede ernstliche Einschreitung verhinderten, so begründet sie auch nach dem Gesetz gewesen wären. Sollte auf dem Verbot des Ausschenkens bestanden werden, so bin ich überzeugt, daß um selbes zu verwirklichen, die ernstesten Maßre-

geln, ja sogar militärische Assistenz erforderlich wäre, um selbes zu handhaben, und daß vielleicht Szenen entstehen könnten, deren unangenehme Folgen lange in keinem Verhältnis zu dem Zwecke stünden, den man zu erreichen suchte!«

Aus all diesen administrativ politischen Gründen erbat der erfahrene Beamte von Seinsheim, eine Ausnahme von dem Gesetz zu genehmigen, vor allem weil er nämlich allen Ernstes befürchtete, daß das Volk tatsächlich für seinen geliebten Frühjahrstrunk auf die Barrikaden gehen werde. Das für die innere Sicherheit zuständige Innenministerium schloß sich dann auch mit der Unterschrift des Fürsten Öttingen-Wallerstein diesem Ansinnen an. Das Finanzministerium bestritt zwar das von Zacherl behauptete Privatrecht zum »Verleitgeben« des Salvatorbieres nachdrücklich, empfahl dann aber schließlich auch, der Eingabe Zacherls stattzugeben.

Mit einer Kabinettsverfügung vom 25. März 1837 beendete der König schließlich das Hin und Her um den Salvator-Ausschank: »Auf so lange ich nichts anderes verfüge, soll die Kreisregierung ermächtigt werden, jährlich zum Ausschenken des Salvatorbieres Erlaubnis zu erteilen, die Schenkzeit ist dabei festzusetzen, aber keine bestimmte Taxe, da dieses Bier als Luxusartikel zu betrachten ist.« Diese Verfügung kann als späte »Geburtsurkunde« des Salvators gelten und gleichzeitig als königlich-bayerisches Qualitätssiegel für »Luxusbier«!

Bis zum Jahr 1846 fand der Salvator-Ausschank in der Brauerei selbst statt. Dann wurde der Luxus-Saft bis 1860 im sogenannten Neudecker Garten in der Au verabreicht und danach im hoch oben am Nockherberg in Obergiesing liegenden Salvator-Keller. Von dem aus hat man einen schönen Blick auf die Isar und ganz München, und für viele ist es spätestens nach der dritten Maß bereits ein Rundblick. Seit Ende des letzten Jahrhunderts beginnt alljährlich der Ausschank schon am Sonntag vor Josefi und damit ein »Treiben, das nicht seinesgleichen hat« wie es in einer alten Münchner Chronik lapidar heißt.

Der unglaubliche kommerzielle Erfolg des Salvator-Ausschanks verleitete etwa ab 1870 zunehmend auch andere Münchner Brauereien dazu, ebenfalls ein Frühjahrsstarkbier unter diesem Namen in ihren Schankstätten anzubieten. Die Schwabinger Brauerei machte zuerst mit einer Salvator-Imitation den Anfang, Löwenbräu, die Hacker-Brauerei und Spaten zogen mit »ihren« Salvatorbieren nach.

Da hob ein heftiger Brauereienstreit in München an, der aber nicht mit dem Bierschlegel, sondern mit den spitzen Federkielen der Advokaten ausgetragen wurde. Paulaner mußte vor Gericht um die Behauptung kämpfen, daß mit dem echten Salvator doch nichts zu vergleichen sei. Erst die Verabschiedung des Warenzeichengesetzes von 1894 ermöglichte es endlich im Jahre 1896, den Namen »Salvator« durch das Kaiserliche Patentamt in Berlin schützen zu lassen. Ausgerechnet in Berlin wurde der Original-Salvator gerettet!

Alle diese Versuche der Münchner Konkurrenz, die Löschung dieses Warenzeichens zu erzwingen, er-

wiesen sich als vergeblich: am 20. Juni 1899 wurden endgültig alle Angriffe auf den Salvator vom Kaiserlichen Patentamt per Beschluß abgewiesen. Die Folge dieses triumphalen Sieges war die Entstehung der so zahlreichen Phantasie-»atoren«, die alle einmal »Salvator« heißen wollten. Jetzt heißen sie halt anders und an der Qualitätskonkurrenz ist noch kein guter Bräu gestorben.

Von der Anfangszeit des Salvator-Ausschanks geben uns heute noch verschiedene Zeitungsberichte aus dem vorigen Jahrhundert Kunde. So schreibt der »Bayerische Volksfreund« am 3. März 1837, wenige Tage vor der endgültigen Ausschankerlaubnis durch den König:

»Seit langen Zeiten wird in der Vorstadt Au ein höchsteigenthümliches, das St. Salvatorbier nämlich, gebraut. Die Kunst und das Geheimnis, diesen so ungemein köstlichen, höchstbeliebten und reichhaltigen Gerstensaft zu brauen, ging von den Paulanern an die Maltheser (Johanniter) und von diesen an den nunmehrigen Eigentümer des Brauhauses, Herrn Zacherl, über, der uns seit bereits dreißig Jahren das Salvatorbier alljährlich zum Beginne des Frühjahrs spendet, wie dieses von den früheren Besitzern des Paulaner-Bräuhauses geschehen.«

Von »Spenden« konnte bei Zacherl natürlich keine Rede sein, aber man empfand offenbar auch das gekaufte Starkbier noch als Geschenk des Himmels.

Am 20. März 1843 berichtete der »Bayerische Eilbote« über das Zacherlsche Bierbrauergebäude sowie das Kellergebäude auf und in der nahen Anhöhe, das bekanntlich eines der beträchtlichsten des europäischen Kontinents sei:

»Diese Brauerei liefert auch den bayerischen Nectar, genannt Salvator oder Zacherlöl, wovon alljährlich Sendungen bis Rußland usw. gelangen. Alles strömt nun in die Au zu den Zacherl'schen Riesenhallen...«

Ein Zeugnis für die steigende Beliebtheit des Salvators legte auch der folgende Bericht im »Bayerischen Volksfreund« vom 5. April des gleichen Jahres ab:

»Der Zudrang zum Salvatorbier war nicht bloß am Sonntag, sondern schon die vorhergehenden Tage so stark, daß trotz dem bedeutenden Vorrathe auch des heurigen Jahres schon Sonntag abends die Quelle plötzlich versiegte. Allgemein war die Stimme des Lobes, welches diesem Getränk auch heuer wieder die Prädikate vorzüglich, vortrefflich, ausgezeichnet gutheißte. Bierpathologen erklären den mäßigen Genuß des Salvatorbieres für eine tüchtige Aprilkur!«

Im Jahre darauf, am 31. März 1844, erschien vor Beginn der Salvator-Saison im »Münchner Tagblatt« der folgende Salvator-Rat: »Das Salvator-Bier ist gleich einem rüstigen großen Mann. Er kennt seine Kraft, ist lang ein braver und guter Kerl, aber zulang ›spaßeln‹ darf man nicht mit ihm, sonst packt er den kecken Trinker und wirft ihn á la Simmerl. Also jedermann ist eingeladen, etwas aufzuladen und gebe acht, um sich nicht zu überladen, und wer stehet, gebe acht, daß er nicht falle!«

Nur bei der feierlichen Salvator-Probe hat die Prominenz Vorrang. Beim Eintritt in die Salvator-Hallen wird jeder Standesunterschied abgelegt, wie 1875 die Münchner Blätter anschaulich berichteten:

»Schon mit dem ersten Schritt in dieses Heiligtum streift man jede Form und Etiquette ab, und fort sind Rang und Titel. Ein echtes Bild der vielgeträumten Gleichheit und Brüderlichkeit. Alles ist hier Herzensbruder, man umarmt sich voller Seligkeit, und manche Schöne findet es ganz natürlich, sich von ihrem Herzliebsten vor aller Welt kräftig abküssen zu lassen. Kurz, alles ist in Wonne aufgelöst, und die sonst griesgrämlichen Gesichter verlieren ihre Falten und vergessen, was tief unten liegt – die Stadt mit ihren Mühen und Lasten. Blechmusik ertönt in allen Weisen und nach allen Be-

dürfnissen, und wohl über die Hälfte der Gäste – männlich und weiblich – liegt auf dem Boden oder hält stehend das edle Naß in der Hand.
Doch so heiter und ungeniert sich hier alles zusammenfindet, so ist dies doch nur ein kühles Vorspiel von dem, was sich in der eigentlichen Salvatorquelle oder -halle tut, dort ist alles außer Fug und Banden. Nun, mein lieber Freund, treten wir ein. Ein Geschrei, ein Gejohl' und ein Pfeifen empfängt uns da, und jeder Fremde muß denken: hier wird entweder Haberfeld getrieben oder es ist eine Revolution in der ärgsten Weise ausgebrochen…«
Von wegen Revolution! Bei all dem Lärm und Geschrei, das zwischendurch beim Salvator-Ausschank oft recht ohrenbetäubende Ausmaße annehmen kann, ist nämlich »der Salvator«, wie der Münchner den Ausschank kurz und bündig nennt, ein durchaus friedliches Bürgerfest. Eine Ausnahme bildete da nur das Skandaljahr 1888, in dem es zu der berühmt gewordenen »Salvator-Schlacht« kam. Aber gerade diese Ausnahme bestätigte am überzeugendsten die Regel: nämlich daß normalerweise nichts passiert.
Wie eine nachfolgende Untersuchung ergab, hatte das Ausufern eines »Raufats« zur Massenschlägerei den eigentlichen Grund eben

in der Sorglosigkeit der Polizeibehörde, die beim Salvator bis dahin nie ernstlich eingreifen mußte: Es war nämlich nur ein einziger Gendarmerie-Wachtmeister beim Ausbruch der Streitigkeiten auf dem Nockherberg im Einsatz!

Am 21. März, mitten in der Salvator-Saison 1888, gab es in der Kellerhalle am Nockherberg zum ersten Male aus geringfügigem und deshalb nicht näher bekanntem Anlaß Streit zwischen Militär- und Zivilpersonen. Und erst als ein Artillerist den Säbel zog, artete der Disput in eine wüste Schlägerei aus. Dabei wurde mit Stöcken zugehauen und wild mit Maßkrügen geworfen, wodurch ziemlich viele Leute verletzt wurden.

Spannungen zwischen Militär und Zivilisten scheinen damals überhaupt – wohl wegen des häufig allzu arroganten Auftretens der Uniformträger nach preußischem Vorbild seit dem gemeinsamen Siebzigerkrieg – öfters der Hauptgrund für handfeste Auseinandersetzungen in München gewesen zu sein. Man kann jedenfalls grundsätzlich davon ausgehen, daß letztlich auf jeden Fall die Preußen schuld waren – auch wenn keiner dabei gewesen ist – allein durch ihren schlechten Einfluß auf das früher viel gemütlichere bayerische Militär.

Nicht mehr genau feststellbar ist allerdings, ob nun dieses generelle Spannungsverhältnis auch Ursache für die »Salvator-Schlacht« just am Mariä Verkündigungstag des Jahres 1888 gewesen ist. Festgestellt worden ist damals nur, daß ein Besucher aus Gaudi einen Zylinder aufgesetzt hatte. Beim Betreten der Halle ist ihm dieser von einem anderen prompt »eingetrieben« worden. Das war für den Geschädigten wiederum der Anlaß, aus Wut ohne weiteres dem Nächstbesten den Maßkrug an den Kopf zu schlagen, so daß der blutüberströmt zusammengebrochen ist und ins Krankenhaus gebracht werden mußte.

Das war dann schließlich das Signal zu einer Schlägerei, wie sie der Nockherberg noch nicht erlebt hatte. Sie nahm immer größere Dimensionen an, breitete sich über die ganze Halle aus und griff schließlich auch noch auf den Garten über. Die Maßkrüge dienten dabei weitgehend als Wurfgeschosse, so daß ein Teil der Gäste unter den Tischen in Deckung gehen mußte. Aus dem Garten flogen die Krüge bis über den Zaun hinaus.

Die nun telephonisch herbeigerufene Gendarmerie zu Fuß und zu Pferd konnte ebensowenig die »Schlacht« beenden, wie die gleichfalls aus Neudeck zu Hilfe gerufene Zuchthauswache. Die gesamte rebellisch gewordene Menge hörte nämlich sofort auf, sich gegenseitig die Äuglein blau zu schlagen und vereinigte sich, um nun geschlossen gegen Militär und Gendarmerie anzukämpfen. Die schon verhafteten Krakeeler wurden gleich wieder befreit.

Erst eine plötzlich auftauchende Einheit der Schweren Reiter, die fünfzig Mann stark zu Pferde angesprengt kam, konnte dem Spuk ein Ende bereiten. Zuerst waren sie noch mit Pfeifen und Johlen begrüßt worden, aber sie ritten kurzerhand in die Halle und trieben die brüllende Menge mit flachen Säbelhieben zu Paaren. Daß dabei mancher Unbeteiligte zu Schaden kam, versteht sich von selbst.

Bei der »Salvator-Schlacht« gab es

freilich auch Blessierte auf Seiten der Uniformierten. Selbst manches Pferd hat etwas abgekriegt, so daß im Revier und im Krankenstall die Sanitätssergeanten und die Veterinäre alle Hände voll zu tun hatten. Dieser Krawall blieb zwar die einzige unfriedliche Ausnahme in der Salvator-Geschichte, aber sie bildete auf Jahre hinaus ein unerschöpfliches Gesprächsthema an allen Münchner Stammtischen.
Heute wird – wie in manch anderen Starkbier-Hochburgen auch – vom Wirt und der Brauerei sorgfältig darüber gewacht, daß von Salvator-Seligen die Grenzen der harmloser Fröhlichkeit nicht überschritten werden. Erstens halten die Köpfe der Bayern längst nicht mehr soviel aus wie früher und zweitens gibt es ja keine Schweren Reiter mehr. Wenn halt heute der Andrang zu groß wird – besonders am Josefitag selber, wenn alle »Sepperl« mit ihren Freunden auf dem Nockherberg anrücken, dann verkünden schon im Garten die Schilder »Wegen Überfüllung gesperrt«, daß an diesem Tag leider nichts mehr geht.
Schließlich wird ja nicht nur auf dem Nockherberg der begehrte Frühjahrstrunk ausgeschenkt, sondern auch noch in allen Gasthäusern Bayerns, die Paulaner-Bier führen und das sind ja auch in

München bekanntlich nicht wenige. In den Starkbierhochburgen der anderen Brauereien spielt ebenfalls eine zünftige Musi und auch die Töchter anderer Mütter sind es wert, brüderlich abgebusselt zu werden. Weil halt Frühlingserwachen ist!

# „Drum, Herrgott, darfst net grantig sein..."

## Die Geschichte der Salvator-Proben

Eine große Tradition, die noch in das vorige Jahrhundert hineinreicht, hat die schon erwähnte alljährlich stattfindende »Salvator-Probe«. Dabei haben stets bekannte Münchner Volksschauspieler und Komiker, später auch Journalisten und Kabarettisten aus eigener Feder oder von bekannten Münchner Autoren verfaßte Festreden, Gstanzl und Stückerl vorgetragen. Politiker und Prominente werden angespitzt und aufgespießt oder es werden sonstige politische »Spaßettln« serviert, wie der Münchner die leichte humoristische Kost nennt.

Den Anfang in der langen Reihe großer Namen, die durch langjährigen erfolgreichen Einsatz für immer mit dem Salvator und der Geschichte seines festlichen Ausschanks verbunden sind, machte der Münchner Humorist »Papa« Jakob Geis, der 1891 den Brauch einführte, den Salvator-Ausschank mit einer heiteren Ansprache zu eröffnen. Literarisch verewigt hat ihn der Münchner Romancier Maximilian Krauss, der in seinem 1901 erschienenen Münchner Roman »Unter den Frauentürmen« einen Auftritt des populären »Papa Geis« beschreibt.

»Plötzlich erschüttert ein ohrenbetäubender Beifallsdonner die qualmerfüllte, in der Ferne in blaue, undurchsichtige Nebel verschwimmende Salvator-Halle. Bravo, Geis! Bravo, Geis! Silentium, Ruhe! Papa Geis, der Komiker steht auf dem Podium. Tausende von glänzenden, lachenden Augen hängen an seinem Munde. Papa Geis, das ist der verkörperte Humor und Witz. Eine mittelgroße, breitschultrige Figur. Auf einem niederen, mächtigen Hals sitzt ein runder, nicht gerade großer Kopf. Ein paar silberseidene Strähnen schmücken die glänzende Glatze. Um die schmalen, zusammengekniffenen Lippen zucken die Lichter unverwüstlichen Humors, und hinter der goldenen Brille gucken zwei kleine, graue Augen, in denen der Schalk nistet, vergnügt in die Welt.

Jetzt redet er. Die echte Münchner Bierrede. Aber man darf sich nicht nur auf sein Gehör verlassen, wenn man dieses Mannes überwältigende Komik ganz auf sich wirken lassen will. Man muß ihn sehen. Das Geheimnis seiner Komik liegt in seiner Persönlichkeit. Wie er die Lippen spitzt, die Augenbrauen in die Höhe zieht, und vor allem, was er mit seinen Händen sagt. Eine Bewegung dieser dicken und doch so erstaunlich flinken Finger – und ein Sturm des Jubels braust durch die Halle.«

Ebenfalls von »Papa Geis«, diesem Pionier des »Salvator-Ausschanks«, stammt ein originelles Gedicht über die heilsamen Wirkungen des Salvators, der nicht nur als Heilmittel gegen alle Krankheiten und Wehwehchen hilft, sondern sogar dem in die Gletscherspalte gestürzten Bergsteiger das Leben rettet. Es zeigt übrigens, daß man schon damals den Salvator-Kult gepflegt aber nicht bierernst genommen hat.

*»Man läßt ins kühle Felsengrab,*
*ein Faß Salvator hinab.*
*Er trinkt – sein Körper drob wird heiß*
*Daß rings wie Butter schmilzt das Eis*
*Und lachend steigt er dann herfür – gerettet durch Salvatorbier!«*

Der Salvator-Ausschank hat aber nicht nur »literarische« Denkmäler bekommen, sondern ist auch in die Musikgeschichte eingegangen – wenn auch nur als Randglosse. Und zwar ist 1911 die Operette »Salvator« (Musik von Theo Rupprecht, Text von Max Ferner, Ph. Weichand und M. A. Weikone) im Münchner Volkstheater uraufgeführt worden. 1922 folgten im Volkstheater und 1925 im Theater am Gärtnerplatz Wiederaufführungen. In den fünfziger Jahren bildete sie die thematische Vorlage für den Film »Mönche, Mädchen und Panduren«.

Die Handlung spielt im Paulanerkloster Neudeck und am Münchner Hof. Sie dreht und dreht sich – wie sollte es anders sein! – um »des Salvators und der Liebe Macht«. Der Frater Barnabas wird darin nicht nur als Braumeister von hohen Graden gepriesen, sondern auch als ein Menschenkenner dargestellt, der die wahre Liebe und Berufung beurteilen kann. Dabei wird auf jene Episode angespielt, in der er einem jungen, vom Vater in den Orden gezwungenen Bruder wieder heraus- und in die Arme seiner Liebsten hineingeholfen hat. Freilich ist Barnabas in dieser Operette vor allem der fromme Braumeister eines guten, »himmlischen« Bieres. Besonders, wenn er im dritten Akt singt:

*»Ich braute jetzt ein Elexier,*
*net z'bitter und net z'süß,*
*Den Toten macht's lebendig schier,*
*dem Kranken hilft's auf d'Füß.*
*'S is gut für'n Magen und für's Herz,*
*für Kummer und für Liebesschmerz.*
*Es leert auch manches Portemonnaie,*
*Uns aber hilft es in die Höh.«*

Und der auf die permanenten Finanzprobleme der Paulanermönche gemünzte Refrain lautete:

*»Bin dann nicht mehr in Nöten,*
*find' wieder Zeit zum Beten.*
*Drum, Herrgott, darfst net grantig sein,*
*Ich bring' dann alles wieder ein!«*

Das ist dann – nicht nur in München – richtig populär geworden, wie ein Schlager-Ohrwurm, dieses Verserl »Drum, Herrgott, darfst net grantig sein ...«

Frater Barnabas gibt in dieser Operette eine zwar historisch falsche, aber dafür recht einleuchtende Erklärung für den Namen Salvator:

*»Erlöser sei's von Not und Pein,*
*Salvator soll sein Name sein!«*

Angeregt durch die auf der Bühne wirkenden »Komödianten« im weitesten Sinne bemühten sich auch die zahllosen prominenten Salvator-Gäste im Laufe der vielen Jahrzehnte meist um geistreiche Sprüche oder witziges Geblödel bei ihren Eintragungen ins Gästebuch.

Schon sehr früh hat der schlitzohrige und geschäftstüchtige Bräu Franz Xaver Zacherl erkannt, wieviel Gratiswerbung ihm Huldigungsverserl von mehr oder weniger prominenten Dichtern, Schriftstellern und Journalisten einbringen. Darum hat er sie gern mit ein paar Maß Freibier in jene Stimmung versetzt, aus der heraus sie dann in überquellender Begeisterung die Stammwürze des Salvator in Poesie verdichteten.
Zum »Salvator-Dichter« par excellence avancierte ab 1890 vor allen anderen jener Eduard Ille, von dem das schon zitierte und nahezu zur Hymne des Fastenbieres gewordene Gedicht stammt »War im März gen Judica wiederum der Frühling nah...« In den »Fliegenden Blättern« brillierte er als eine Art »Jubel-Paulaner« und verherrlichte unentwegt den Frater Barnabas und seinen Salvator. Von ihm stammt eine weitere Variante zur Deutung des Namens Salvator, die aber mehr Dichtung als Wahrheit enthält:

*»›Salve pater...‹ immer wieder*
*klang's im Ohr von Hoch und*
*Nieder.*

*Doch gar viele brave Leute*
*wußten nicht, was das bedeute.*
*Bis es, schier verwunderbar,*

*allen ward auf einmal klar:*
*Solch ein Trank, des Hochgenuß*
*aus des Leibes Kümmernus*
*uns salviert, wird mit Verstand*
*drum Salvator auch genannt.«*

In relativ nüchternem Zustand scheint dagegen Karl Valentin noch gewesen zu sein, als man ihm das Gästebuch vorlegte. Seinen nachhaltigsten Eindruck verewigte er nämlich in einem lakonischen Dreizeiler:

*»Blick ich von dieser Gipfelshöh*
*dann seh ich keinen Ammersee,*
*nur den besoffenen Alise (Geyerstraße 15).«*

Nach dem Ersten Weltkrieg und dem Scheitern der Revolution in Bayern reimte der Schriftsteller Roda Roda nicht ohne Ironie:

»Wo Salvator fließt, da magst du ruhig wohnen,
Salvator ist das beste Mittel gegen Revolutionen.«

Einer der berühmtesten Münchner Volksschauspieler, dessen Denkmal heute einen Brunnen auf dem Münchner Viktualienmarkt ziert, war ein geborener Altöttinger: Ferdinand Weisheitinger, der nachmalige Weiß Ferdl. Er hat nach den unruhigen Jahren des Ersten Weltkrieges und der ersten Nachkriegszeit 1922 den Salvator-Ausschank wieder mit einem Schlag ins Bewußtsein der Münchner Öffentlichkeit gerückt. Damals hat der Weiß Ferdl auf seine Art dem Salvator eine gereimte Liebeserklärung gemacht, die viel verrät von der eben überstandenen schweren Zeit und der Hoffnung, die damals alle Münchner wieder nach endlich besseren und gemütlicheren Zeiten verspürten:

*»Liebe Männer und Frauen, laßt es Euch sagen,*
*eine weihevolle Stunde hat jetzt geschlagen.*
*Sechs Jahre lang fand an diesen Hallen,*
*Zu denen von Nah und fern Sie heut' wallen,*
*Wo das beste fließt von allen Bieren,*
*der Münchner nur geschlossene Türen.*
*Nun endlich sind wieder die Pforten offen,*
*drum tragen im Herzen wir seliges Hoffen.*
*Es geht wieder aufwärts, jawohl, Gott sei Dank,*
*'s gibt wieder an Salvator, den Göttertrank.*
*Erst wollten – man kann sich's fast nicht erklären –*
*den Ausschank verbieten, die ganz hohen Herren.*
*Den Salvator verbieten! Man kann es nicht fassen!*
*Ja, seid ihr denn ganz von Gott verlassen?*
*Grad jetzt, wo wir soviel Sorgen haben,*
*da soll'n wir uns nicht am Salvator laben?*
*Ja, wißt Ihr denn nicht, was das Volk jetzt braucht?*
*Und daß jedem Münchner er mordsmäßig raucht,*
*wenn's am Nockherberg tät keinen Salvator geb'n,*
*den der Münchner so liebt, so heiß wie sein Leb'n?«*

Nach dem großen Erfolg seines ersten Auftritts beim Salvator-Ausschank 1922 ist der Weiß Ferdl in den Folgejahren immer wieder bei der »Salvator-Probe« aufgetreten und hat die Eröffnungsrede gehalten. Den Text seiner Reden hat fast immer Joseph Benno Sailer verfaßt.

Verse und Schnurren, die aus der Salvator-Frühjahrskur – ernst oder als Alibi – einen Gesundbrunnen für Leib und Seele gemacht haben, gibt es in großer Zahl. Daneben gibt es aber unter den historischen Salvator-Dokumenten auch echte ärztliche Zeugnisse, mit denen dieses Starkbier den Kranken als Kräftigungsmittel verordnet wurde. Und der Franz Xaver Zacherl hätte es in unserem Jahrhundert wohl sogar durchgesetzt, daß man seinen Salvator jedes Frühjahr sogar auf Krankenschein beim Wirt beziehen kann.

So wie sich auch Maler, Zeichner und politische Karikaturisten zu allen Zeiten mit der Münchner Bierseligkeit, Bierdimpfelei und Salvator-Begeisterung beschäftigt und darüber wohlwollend lustig gemacht haben, so finden sich gelegentlich auch literarische Kostproben, die eher den Salvator-Kult oder den Zacherl-Bräu glossieren – zum Beispiel diese zwei:

*»Wie der Wasserbecher zu dem Wasserbacherl,*
*So gehört der Zecher alleweil zum Zacherl!*
*Lenke stets Dein Lebensschiff*
*Glücklich durch des Daseins Naß,*
*Scheitere an keinem Riff,*
*Höchstens am Salvatorfaß!«*

Sogar in Wien, der Hauptstadt der Heurigenseligkeit, amüsierte man sich über die unverzichtbare Frühjahrskur der Münchner mit starken Reimen:

*»Den Leu zu wecken, wie Ihr wißt, der Dichter sagt, gefährlich ist.*
*Des Tigers Zahn ist schrecklich sehr,*
*doch wäre noch viel schrecklicher*
*der Münchner, wenn er einst erführ:*
*Dies Jahr gibt's kein Salvatorbier.«*

Zeiten ohne Salvator und erst recht ohne gesunden politischen Humor gab es freilich auch. Gar keinen Spaß haben nämlich die braunen Machthaber im sogenannten Dritten Reich verstanden. Deshalb hat die Brauerei nach der Salvator-Probe 1939 – und auch weil die Kriegszeiten ohnehin zu ernst waren – für elf Jahre

den Salvator-Ausschank ganz eingestellt. Die alten Hallen des Salvator-Kellers sind am 24. April 1944 bei einem Bombenangriff in Schutt und Trümmern versunken.
Erst am 11. März 1950 konnte in der neuen von Professor Franz Zell entworfenen Festhalle wieder eine Salvator-Saison beginnen. Der damalige Brauereichef, Bernhard Scheublein, führte die Tradition der Salvatorproben wieder ein. Und schon 1951 erlebte der Salvator-Ausschank wieder einen neuen Höhepunkt: mit Adolf Gondrells unnachahmlicher und unvergeßlicher Darstellung des Frater Barnabas.
Seit vielen Jahren gibt es neben einer gepfefferten Festrede auch noch ein sogenanntes Salvator-Spiel: eine Art bayerisches Polit-Musical mit möglichst vielen Parodien auf die Politik und die anwesenden Politiker.
Die Repräsentanten aller politischen Parteien, die traditionsgemäß dabei Gäste der Brauerei sind, machen dann meist eine gute Miene zum nicht immer ganz »scherzfreien« Spiel. Manchen wurmt es dann doch ein bisserl, aber um ihren Ärger still und heimlich hinunterzuspülen, wird ihnen ja von der Brauerei Salvator zur Verfügung gestellt.
Das »Derblecken« der Großkopferten hat in Bayern eine alte Wirtshaus-Tradition und das »Einstekkenkönnen« ist in der bayerischen Sportart »Politik« für die Popularität so wichtig wie das Austeilen. Dabei wird kein Gast absichtlich beleidigt. Aber es wird halt ein wenig ausgelotet, wieviel einer verträgt, bis er einschnappt. Das passiert immer wieder einmal, aber es gehört halt dazu – und ebenso, daß man bald wieder ausschnappt und im nächsten Jahr mit etwas dickerem Fell wieder dabei ist.
Mancher Prominente wird gerade dadurch richtig bekannt. Andere sind erst endgültig gekränkt, wenn sie nicht mehr derbleckt werden und vermuten müssen, daß sie am Ende für unbedeutend gehalten werden. So mancher erinnert sich noch der pointierten Derbleckerei in den vielen freundlich-hinterfotzigen Eröffnungsansprachen des Emil Vierlinger, der Krüglreden des Michl Ehbauer und des Karl Peukert, sowie der schier endlosen Reihen von Spiel-Programmen, die der seit dreißig Jahren dem Salvator treu gebliebene Regisseur Olf Fischer bis 1985 gestaltet hat.
Für viele andere aus der großen Zahl der aufgetretenen Künstlervertreter seien stellvertretend hier noch als »besonders verdient um den Salvator« genannt: Die Autoren Franz Messner, Theo Riegler, Walter Fitz und Walter Netzsch,

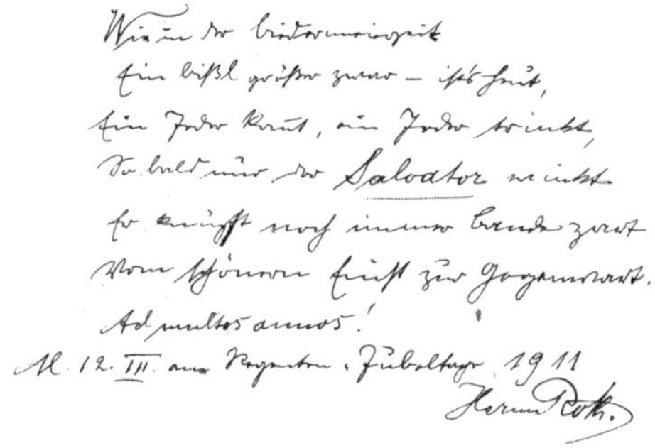

die Komponisten und musikalischen Aufbereiter Fred Sporer, Thomas Wendlinger, Raimund Rosenberger und aus der Reihe der Schauspieler Wastl, Gerd, Walter und Veronika Fitz, Georg Blädel, Max Grießer, Klaus Havenstein, Walter Lindermeier.
Viele Gäste der Salvator-Probe erinnern sich heute noch gern der großen Zeit des Roider Jackl, andere haben ihn noch vom Bayerischen Rundfunk her im Ohr, wo die Veranstaltungen meist übertragen wurden. Der bauernschlaue Forstmann aus Freising hat meisterhaft mit seinen respektlos treffsicheren Gstanzln den Politikern auf die Zehen getreten. Aber schon damals war es nicht anders als heute: manche politischen Figuren bieten sich als Zielscheiben geradezu an, reizen zum »Anschießen«, andere dagegen »stellen nichts an« und sind daher schwer am Schlips zu fassen.

Eines der Lieblingsopfer des Roider Jackl war der fromme, konservative und kampfeslustige Dr. Alois Hundhammer – nacheinander Kultusminister, Landwirtschaftsminister und Landtagspräsident. Und der Jackl hat auch gewußt, was er an dem hat, wie aus einem Gstanzl am Ende der Amtszeit des Schwärzesten aller Weißblauen hervorgeht:

*»I hoff, daß da Hundhammer von da Politik*
*net für ganz Abschied nimmt,*
*denn mit dene Hundhamma-Gstanzl*
*hab i allerweil ganz guat verdient.«*

Daß bei einer Salvator-Probe immer schon die Spitzen der Politik, der Wirtschaft und der Kultur in Bayern versammelt waren, hat der Roider Jackl ebenso zu würdigen gewußt wie die Tatsache, daß gerade Politiker das Starkbier für die Erhaltung einer rechtverstandenen Gesundheit besonders nötig haben:

*»I siehg heut große Persönlichkeiten aus dem politischen Lebn*
*und wer zur Salvatorprobe ei-'gladn is,*
*der hat in Bayern was z' redn.*
*Wer in d' Politik geht, der muaß gsund sei,*
*denn des find i schlecht:*
*wenn oana nur deswegn dazuageht,*
*weil er si dort gsund macha möcht.«*

Anhand der Gästebücher und Fotoalben von den jährlichen Salvator-Proben könnte man eine eigene bayerische Landesgeschichte der letzten hundert Jahre schreiben. Aber nicht nur die Minister der Staatsregierung waren jeweils fast vollzählig versammelt, sondern auch Bundespolitiker aller Couleur warfen sich immer wieder mutig in dieses für sie gerade zu exotisch anmutende Abenteuer. Und sie bekamen meist auch gleich ihr Fett weg. Selbst den sonst so streitbaren Ex-Wirtschaftsminister Graf Lambsdorff hat man wohl noch selten so blaß und belämmert dreinschauen gesehen wie 1983 auf dem Nockherberg, als er bei seiner ersten Salvator-Probe gleich ordentlich rasiert worden ist.
Doch ob die Besucher von links kamen oder von rechts, ob mit der Straßenbahn, im eigenen Achtzylinder oder im Dienstwagen mit Chauffeur, der Salvator spülte vorübergehend die politischen wie die sozialen Gegensätze hinweg. Diese überparteiliche Wirkung des Salvator beschrieb einmal der langjährige Lokalredakteur der »Süddeutschen Zeitung«, Alois Hahn, mit dieser Anekdote:

*Als einer, voll Lebenslust, den festlichen Ausschank des Salvators zu abendlicher Stunde verließ, breitete er die Arme aus, als wolle er ganz München umarmen. Und er sagte: »Bruadaherz, iatz wann mi jemand fragn taat, wos für a Partei i gwählt hab, Bruada, i kunnt's fei wirkli net sagn!«*

*Großer Andrang zur Frühjahrskur beim Salvator-Ausschank herrscht jedes Jahr auf dem Nockherberg, gleichgültig, ob noch Schnee liegt oder ob man um Josefi schon in der Märzsonne bräunen kann.*

*Die Humorlosigkeit der Nazi-Machthaber, der Ernst der harten Kriegszeiten und die Zerstörung des Salvator-Kellers durch einen Bombenangriff am 24. April 1944 hatten eine 11jährige Salvator-Pause erzwungen. Erst 1950 konnte dann in einer neuaufgebauten Festhalle die Tradition der beliebten Frühjahrskur wieder aufgenommen werden, ebenso die frühere Praxis, politische und künstlerische Prominenz zu einem festlichen Probetrunk einzuladen. In Erinnerung an die Besuche der bayerischen Kurfürsten und ihres Hofstaates nahm jetzt der demokratische Landesvater den Humpen mit dem Probetrunk entgegen.*

*Nicht fehlen darf auch das Münchner Stadtoberhaupt, seit Oberbürgermeister Thomas Wimmer auch bei der jährlichen Eröffnung der fünften Jahreszeit mit seiner Anzapfkunst für Stimmung sorgte.*

*Ein bayerisches Original wie der Wimmer »Damerl« (links) war der Gstanzlsänger Roider Jackl – ein Freisinger im doppelten Sinne des Wortes. Er pflegte die alte Wirtshaus-Tradition, die Gäste lustig auszusingen.*

*Der Salvator überbrückt Generationen und politische Fronten. Auf dem Bild rechts begrüßt der damals junge Münchner OB Hans-Jochen Vogel seinen Amtsvorgänger Thomas Wimmer. Harte politische Kontrahenten waren in der Nachkriegspolitik der »königlich-bayerische« Sozialdemokrat Wilhelm Hoegner (Bild unten links vorne) und der klerikal-konservative Christsoziale Alois Hundhammer (rechts stehend). Als echte Demokraten prosten sich der ehemalige Ministerpräsident und der spätere Landtagspräsident zu.*

*»A Brotzeit, a frische Maß und… da war doch no was?«, scheint sich der alte Münchner zu erinnern, als die in einer offenherzigen Marilyn-Monroe-Parodie auftretende Schauspielerin Elfie Pertramer mit ihm anstößt. Auf dem Bild unten prostet der Schauspieler Adolf Gondrell in der Rolle des Bruder Barnabas den ältesten Münchnern zu, die von der Paulaner Brauerei jedes Jahr zur Salvator-Probe eingeladen werden.*

*Auch prominente Künstler waren früher immer Gäste auf dem Nockherberg. Oben: Die Schauspieler Hans Moser und Theo Lingen scherzen mit einem »Herzerl« herum. Unten: Dem italienischen Schauspieler Vittorio de Sica wird mit Münchner Weißwürsten der »Kranz der Mimen« geflochten. Im Laufe der Jahre wurden allerdings die Stars aus Kultur und Showbusiness immer mehr von der zähen Ministerialbürokratie und wachsenden »Medien-Mafia« verdrängt.*

*Die Politiker dominieren traditionell bei der Salvator-Probe. Darum ist beim Anstich auf dem Nockherberg auch vorwiegend eine Männer-Gesellschaft um das Starkbier versammelt. Für die Paulaner-Bußpredigten, wie sie in den fünfziger Jahren noch von Michl Ehbauer in der Kutte des Bruder Barnabas gehalten wurden, waren sie eine beliebte Zielscheibe. Besonders viel Stoff boten so farbige Politiker wie Landwirtschaftsminister Joseph Baumgartner und Innenminister August Geislhöringer (linke Seite, oberes Bild, links am Tisch), die für die Bayernpartei im Kabinett der Viererkoalition Wilhelm Hoegners saßen. Eine neue Ära begann mit dem Rundfunkredakteur Emil Vierlinger (oben rechts), der für viele Jahre die Salvator-Reden hielt. Hier ein Zitat aus seiner Rede von 1977: »Keine Angst, ich erzähle keinen der üblichen Häschenwitze. Denen kann höchstens der Strauß was abgewinnen, weil Häschen ja bekanntlich Kohl knabbern. Also, meiner geht so: ›Häschen fragt Goppel: Hattu Blumen? Goppel: Ja. Häschen: Muttu Strauß binden und in Schatten stellen…*
*Ich möchte die Gelegenheit ergreifen und unserm Landesvater etwas ins Gesicht sagen, ob's ihm paßt oder nicht: Für mich, Herr Ministerpräsident Goppel, sind Sie vielleicht der letzte Dinosaurier der klassischen Liberalitas bavariae. Und wenn's eines trüben Tages an's Abschiednehmen geht, dann müßte man eigens für Sie den Orden für Tapferkeit vor dem Feind erfinden…*
*Für die Popularität unseres Landesvaters spricht am besten folgende Anekdote: Der Franz Josef fragt einen Ober: ›Is der Tisch da frei?‹ Der Ober: ›Wer sind Sie?‹ Strauß: ›Der bekannteste Politiker Bayerns.‹ Ober: ›Es ist mir eine Ehre, nehmen Sie Platz, Herr Goppel!‹«*

*Zu den Münchner Komikern und Volksschauspielern, die das Programm der Salvator-Proben mitgestalten, gehörte auch Georg Blädel (oben). Michl Lang (oben links) erzählt gerade Lucie Englisch den neuesten Salvator-Witz auf bayrisch – unter leichter Mißbilligung von Olf Fischer. Fischer war als Regisseur rund 30 Jahre lang für die Inszenierung der Salvator-Proben verantwortlich, weshalb er auch der »Intendant vom Nockherberg« genannt wurde.*
*Noch in der Sissy-Phase war der spätere Weltstar Romy Schneider – hier begleitet von Horst Hächler – Gast bei einer Salvator-Probe.*

*Zwei Politiker, die selbst auf der Bühne des Nockherbergs zur Unterhaltung der Gäste beigetragen haben: Ministerpräsident Alfons Goppel und Oberbürgermeister Hans-Jochen Vogel.*
*Der langjährige Autor, Redner und Darsteller bei der Salvator-Probe, Emil Vierlinger, hat einmal das Programmschema, wie es sich seit seiner Zeit bis heute erhalten hat, folgendermaßen geschildert: »Im Mittelpunkt dieses ›weißblauen Gipfeltreffens‹ steht jeweils ein Festprogramm in zwei Abteilungen: 1. Das große Politiker-Derblecken in einer satirischen Begrüßungsrede, 2. Ein Singspiel, in dem auf einer Miniaturbühne die anwesende politische Prominenz von bekannten und beliebten Volksschauspielern in Maske, Mimik und Diktion imitiert, parodiert und karikiert wird – zum Gaudium und unter dem Beifall des Publikums und der betreffenden Betroffenen. Von der demokratischen Grundstimmung dieser Veranstaltung zeugt die Tatsache, daß dann und wann namhafte Politiker in einem spontanen Anfall von bayerisch-komödiantischem Spieltrieb improvisierend ins Bühnengeschehen eingreifen und dabei beachtliches, schauspielerisches Talent gezeigt haben. Das uns von Fremdlingen freundlicherweise immer wieder entgegengebrachte Kompliment, daß ›es sowas nur in Bayern gibt‹ nehmen wir gerne an, sind aber nicht besonders stolz darauf, weil's wahr ist‹...«*

*Die Festhalle des Salvator-Kellers ist jedes Jahr gerammelt voll mit Prominenz aus Politik, Wirtschaft und Kultur. Das bayerische Kabinett ist meist vollzählig um den Ministerpräsidenten versammelt.*

*Das Politiker-Derblecken auf dem Nockherberg finden alle lustig, vor allem, solange es um andere geht. Aber die große Kunst besteht darin, erstens genau hinzuhören, damit man jede Pointe versteht, und zweitens, sich nichts anmerken zu lassen, wenn man selbst auf dem Hühnerauge getroffen wurde. Das ist immer noch besser, als garnicht dranzukommen. Andererseits darf man wieder nicht zu auffällig lachen, wenn ein Parteifreund hinaufgeschossen wurde.*

*Unten rechts: Bundestags-Vizepräsident Richard Stücklen, Innenminister Karl Hillermeier und Paulaner-Hauptaktionär Josef Schörghuber.*

*Nach der scharf gewürzten Festrede bringt jeweils das Salvator-Spiel eine mildere Form des Derbleckens. In einer Mischung aus Polit-Musical und frozzelndem Bauerntheater werden Politiker parodiert. Manche Schauspieler haben ihr Original schon so gut drauf, daß sie es jederzeit auch öffentlich doubeln könnten: so Walter Fitz den Franz Josef Strauß, sein Bruder Gerd Fitz den Hans-Dietrich Genscher und den Hans-Jochen Vogel, Fritz Graas den Hans Maier oder Michael Lerchenberg den Edmund Stoiber.*
*Andere haben Probleme, eine neue Double-Rolle zu finden, weil ihr Original an politischer Bedeutung verloren hat: so Hellmuth Kirchammer (Erich Kiesl), Rolf Castell (Josef Ertl), Max Griesser (Alfons Goppel) und Walter Lindermeier (Helmut Rothemund).*

Auch unter den Gästen sitzen witzige Originale. Wenn der Schriftsteller und Hobby-Monarchist Georg Lohmeier so selig lächelt, kann es wohl nur daran liegen, daß er »Die Krönung« von Franz Josef Strauß zum König von Bayern nicht als Parodie, sondern mehr als Hauptprobe aufgefaßt hat. Und wenn der ehemalige Sprecher der Münchner Wiesenwirte, Richard Süßmeier, so hingerissen Beifall klatscht, muß wohl gerade eine Pointe auf dem Haupt des Kreisverwaltungsreferenten Peter Gauweiler eingeschlagen haben. ›

Sehr kritisch betrachten die Münchner Karikaturisten Ernst Maria Lang (rechts) und Ernst Hürlimann ihre Zeichnungen im Gästebuch. Diese Kunstwerke, von denen nachfolgend einige abgedruckt sind, entstanden nicht im Atelier, sondern im Bierdunst des Salvator-Kellers.

*Die Salvator-Probe ist allerdings kein politisches Kabarett, denn die eingeladenen Ehrengäste sollen zwar derbleckt, aber nicht bewußt beleidigt werden. Hauptzielscheibe des Spotts ist natürlich immer der Landesvater, was Bayerns Wirtschaftsminister Anton Jaumann (links oben Mitte) und Bundesinnenminister Friedrich Zimmermann (neben ihm) ebenso freut, wie die vom bayerischen »Regierungssprecher« Helmut Schwaabe betreute Skifahrerin Christa Kinshofer. Auch Franz Josef Strauß amüsiert sich jedesmal köstlich: Rechte Seite oben mit Alfons Goppel und Hans-Dietrich Genscher, unten mit Frau Marianne und dem Paulaner-Chef Friedrich Schneider.*

*Mit der liebenswürdig-hinterkünftigen Art von Walter Sedlmayr in Verbindung mit seinen überraschenden Ausbrüchen von herzlicher Grobheit hat im März 1982 eine neue Ära der Salvator-Reden begonnen.*

## *Die Ära Sedlmayr*

Es war Ende November 1981, als der Vorstandsvorsitzende der Paulaner-Brauerei, Friedrich Schneider, in meinem Korrespondentenbüro in Wien anrief – mit einer überraschenden Frage: »Herr Burger, Sie haben doch in München immer diese hinterkünftig-bayerischen Filserbriefe im Stadtanzeiger geschrieben. Könnten Sie sich vorstellen, zu unserer nächsten Salvator-Probe eine Rede für Walter Sedlmayr zu verfassen?«

Vorstellen konnte ich mir das schon, und ob es gelingt, würde man dann schon sehen. Beim nächsten Besuch in München setzten wir uns zusammen und beschlossen, das Experiment zu wagen. Nachdem der längjährige begnadete Salvator-Dichter und Krüglredner Emil Vierlinger wegen Krankheit ausgefallen war (gestorben ist er dann 1984), hatte die Brauerei verschiedene Varianten von Festreden bei den Salvator-Proben durchgespielt: Klaus Havenstein, Ernst Maria Lang (in Verbindung mit Karikaturen auf der Bühne) und Franz Schönhuber. Von Schönhubers Rede war der Text vorher von irgend jemandem ans Rathaus verpfiffen worden: Erich Kiesl war deshalb schon vorher beleidigt und ging gleich nicht auf den Nockherberg, was ihm aber mehr geschadet hat als jeder Anschuß.

Nach diesen Einzelauftritten suchte die Brauerei nach einer Dauerlösung à la Vierlinger. Man kam auf die Idee, den populären Schauspieler Walter Sedlmayr, der ohnehin in der Werbung für Paulaner auftrat, als neuen Salvator-Redner zu gewinnen. Der aber brauchte einen politisch gut informierten Autor, der ihm hinterkünftig-pfiffige Redetexte so mundgerecht schreiben konnte, daß sie in einer glaubwürdigen Sedlmayr-Tonart lagen.

Auf diese Weise lernte ich Walter Sedlmayr kennen, und die erste Rede für die Salvator-Probe 1982 war ein höchst mühseliges Geschäft. Eine zusätzliche Erschwernis für den Start war die Tatsache, daß die Löwenbrauerei ihre Triumphatorprobe mit dem Kabarettisten Gerhard Polt ganz absagte. Polt hatte zusammen mit Dieter Hildebrandt in einer »Scheibenwischer«-Sendung den Rhein-Main-Donau-Kanal in die Pfanne gehauen und dadurch die ganze bayerische Staatsregierung auf die Palme gebracht. Um einen Eklat oder ein Fehlen der politischen Prominenz zu vermeiden, gab Löwenbräu auf. Aber wir standen jetzt plötzlich als die braven und genehmen Schmeichler von Paulaner da. Wir mußten frech sein.

So jedenfalls kamen wir als eine Art »Brauerei-Gespann« zusammen und haben uns durch die gemeinsame Arbeit an diesen und anderen Redetexten aufeinander eingespielt. Wir einigten uns methodisch darauf, daß Sedlmayr nicht in irgendwelchen Rollen auftreten sollte – weder als Dienstmann noch als Trambahnschaffner –, sondern einfach in der Rolle des Herrn Sedlmayr, der sozusagen stellvertretend für den Wirt die Gäste ein bißchen persönlich anspricht und ihnen dabei leicht auf die Zehen steigt. Es sollte niemand absichtlich beleidigt werden, aber daß einer mal unerwartet sauer reagieren und hörbar einschnappen würde, mußte riskiert werden. Und auch den Politikern, die sich im Saal und vor der Fernsehkamera nichts anmerken lassen, sollte es wenigstens hinterher noch ein bißerl stinken. Sonst würde die ganze Derbleckerei ja zu einer harmlosen Schmeichelei absacken.

Prompt passierte es dann gleich bei Sedlmayrs erster Salvator-Rede im Jahre 1982, daß einer einschnappte, von dem wir es am wenigsten erwartet hätten – diesmal ein Roter: der bayerische SPD-Vorsitzende Helmut Rothemund. Die schärfsten Spitzen waren eigentlich in diesem Text eher gegen Kultusminister Hans Maier und Staatssekretär Edmund Stoiber gerichtet: da wäre mit einem »Einschnapper« eher zu rechnen gewesen. Aber es kam anders.

Zu Helmut Rothemund war mir schlicht und einfach nichts eingefallen und angestellt hatte er auch nichts. Aber ich wußte, daß er sich ärgert, wenn man ihn aufzieht, weil er so wenig bekannt ist. Darum gab ich einem anderen Politiker den Rat, sich doch darum zu bemühen, endlich auch so berühmt zu werden »wie der Herr Dings... ja, wia hoaßt er denn glei?... Der bekannte Herr Dings – der Herr Rothemund.« – Keine große

Pointe, eher harmlos, aus Verlegenheit. Aber als beim ersten »Herr Dings« der Saal schon lachte, gab Sedlmayr dem Affen Zucker und spielte die Szene genüßlich aus: Er sprach ihn dreimal als »Herr Dings« an und ließ den Namen Rothemund, obwohl er im Text stand, ganz weg. Das war Rothemund zuviel.

Walter Sedlmayr hatte gemerkt, daß er Rothemund gekränkt hatte, und ging nachher zu ihm, um ihn wieder zu besänftigen. Aber der SPD-Vorsitzende, dem diese Anspielungen auf seine mangelnde Popularität schon seit Jahren zum Hals heraushingen, war immer noch wütend und fauchte zu Sedlmayr: »Sie Arschloch«. Dies wiederum hörte jemand von der CSU, der daneben stand, und im Nu war die Nachricht herum: Rothemund ist beleidigt und hat Sedlmayr ein Arschloch genannt. Am nächsten Tag stand es in allen Münchner Zeitungen, und die viel schärferen Anschüsse auf andere Politiker gingen daneben weithin unter. Und prompt kamen wir in den Verdacht: Der Polt durfte nicht, weil er gegen die CSU war, aber Sedlmayr ist jetzt Hofredner, weil er die SPD angreift.

Der Fluch der bösen Tat lag dann aber darin, daß zum einen die SPD in ihrem Pressedienst mit tierischem Ernst gegen die Verunglimpfung Rothemunds zu Felde zog und behauptete, nach Umfragen würden rund 70 Prozent der bayerischen Bevölkerung Helmut Rothemund kennen. Zum anderen erwarteten alle Besucher der Salvator-Probe 1983, daß Sedlmayr eine Retourkutsche fürs »Arschloch« vom Vorjahr brachte.

Die Retourkutsche – und die war diesmal wirklich gepfeffert – bestand darin, im Anschluß an die Landtagswahl Rothemund zu versichern, daß ihn offenbar tatsächlich 70 Prozent der Bevölkerung kennen, denn die anderen 30 Prozent hätten ihn ja gewählt. Damit war jedoch der unbeabsichtige Schlagabtausch beendet, und wir waren jetzt sorgfältig darauf bedacht, aus dieser zufälligen Kontroverse nicht eine Dauerfehde werden zu lassen.

Wie leicht durch Weglassen eines Nebensatzes durch den Redner eine Verschärfung gegenüber dem geschriebenen Text eintritt, zeigte sich auch 1985, als Wirtschaftsminister Jaumann von Sedlmayr dafür gelobt wurde, daß er es als einziger Minister geschafft habe, »sich ein Denkmal zu setzen, das man Vollaufen lassen kann«. Alle bezogen es auf den Minister selbst, und viele fanden es zu böse. Das Mißverständnis aber kam daher, weil Sedlmayr annahm, die Erklärung im Nebensatz sei überflüssig, und es wisse sowieso jeder, was gemeint ist – nämlich der Rhein-Main-Donau-Kanal. Diesen Gedankensprung machte aber keiner mit.

Oft werde ich gefragt, welche Direktiven ich für den Text bekomme, ob die Rede vorher zensiert werde und welche Auflagen es für wohlwollende oder bissige Behandlung gebe. Da kann man nur sagen: ganz wenige. Als ich versuchte, Gerold Tandler einmal dadurch zu ärgern, daß er nicht erwähnt wird, hieß es in der Brauerei: Das geht nicht, weil er als Postwirt von Altötting Paulanerkunde ist.

Von der Staatskanzlei kam nach einigen Seitenhieben auf die ständige Präsenz von »Prinz Max« und »Prinz Georg« in den Gesellschaftskolumnen ein Jahr später die Bitte, man solle den Vater Strauß derblecken, aber seine Familie künftig aus dem Spiel lassen. Da waren wir inzwischen mit unserem Ministerpräsidenten einig, daß die Buben auf Dauer ohnehin nicht so wichtig sind, auch wenn sie überall wie Kronprinzen hofiert werden. – Auch der Besitzer der Brauerei, Mehrheitsaktionär Josef Schörghuber, kam einmal vorübergehend in Versuchung, als Hausherr seine Fehde mit Georg Kronawitter in Sachen »Bauland« kurz vor der Münchner Kommunalwahl in die Salvator-Probe hineinziehen zu lassen. Doch dies ließ er sich zum Glück wieder ausreden, und als hernach Kronawitter doch wieder Oberbürgermeister wurde, war er sicher froh darüber, daß auf dem Nockherberg Neutralität gewahrt wurde.

Völlige politische Ausgewogenheit kann man freilich auch bei der Salvator-Probe nicht erreichen. Schon gar nicht, wenn das Fernsehen hinterher nochmals kürzt und sich die besten Pointen herauspickt – gleichgültig, gegen wen sie gerichtet sind. Außerdem sind halt die Regierenden immer bekannter als die Opponierenden. Aber bis jetzt haben noch alle die Derbleckerei ganz gut überstanden, und Wahlen werden wohl auch in Zukunft immer noch nicht von den Zensuren des Herrn Sedlmayr in den Salvator-Reden entschieden.

---

*Alle folgenden Redetexte sind in der ausführlichen Fassung wiedergegeben. Für den Vortrag wurden sie meist noch gekürzt und aktualisiert.*

PROST
SALVATOR
1982
Derbleckator

*Sehr verehrte Probe-Gäste und arme Versuchs-Schlucker:*

Gell, jetzt sind S' froh, daß' wenigstens bei uns ein Freibier kriagn. Wenn wir auch noch abgsagt hätten wie der Löwenbräu – mei Liaber, dann hätten Sie doch glatt heuer alle Ihr Starkbier selber zahln müssen. Ja, Sie auch, Herr Tandler, auch wenn Sie Wirt sind. Sogar Sie, Frau Berghofer-Weichner, als weibliches Alibi im Kabinett, obwohl Sie ja am Bier nur nippen – zwengs der Nippfigur.
Aber fassen Sie des ja nicht als Spaß auf! Weil – Satire is was Ernstes. Drum hab ich mir auch mein Manuskript mitbracht. Nicht nur, weil ich zu faul zum Auswendiglernen bin – das auch. Nein, Satire muß heute dokumentarisch abgesichert sein. Da kenn ich mich aus.
Drum möcht ich mich auch als erstes für meine großen Satiriker-Kollegen einsetzen, die Sie durch Ihr unsatirisches Verhalten um Arbeit und Zubrot vom Löwenbräu gebracht haben, Herr Ministerpräsident. Sie kennen die traurige Lage unseres Berufsstandes. Und trotzdem haben Sie den Kollegen Hildebrandt und Polt nicht einmal mit einem Auftrittsverbot unter die Arme gegriffen. Net amal abgsagt haben S', im Gegenteil! Sie haben auch noch angedroht, hinzugehn zur Triumphatorprobe, so daß die Kollegen genötigt waren, selber abzusagen. Und so war's ja nicht gedacht.
Ein Schauspieler, und noch mehr ein satirischer, muß sich jeden Tag aufs neue entscheiden, ob er dafür oder dagegen sein soll. Weil für oder gegen gar nichts sein, das kann sich heut keiner mehr leisten – wirtschaftlich gesehen. Also ich rate zum Dagegensein, weil man damit mehr verdient, als mit'm Dafürsein – denn diese Posten sind schon alle besetzt. Also sind wir dagegen – aber gegen was?
Das wichtigste für einen Satiriker ist ja, daß er gegen die Mehrheit ist. Das fällt auf und ohne Auffallen bringert ja 's Dagegensein nichts. Da bringt 's unauffällige Darfürsein schon wieder mehrer – ökonomisch gesehen. Hab ich recht, Herr Bankpräsident Huber?
Schaun S', ich hab mir's lang überlegt, ob ich da überhaupt auftreten soll, da heroben auf dem Nockherberg. Ob ich mir des leisten kann. Weil der Satiriker lebt doch davon, daß Sie beleidigt sind – naa, net bloß Sie da vorn, schon Sie auch da hinten.
Bei einem Anstich geht's heut ja nicht mehr drum, ob eine gute Maß ausgeschenkt wird. Nein, die Hauptsach is, daß jedem Gast eine Saubere eingeschenkt wird – Sie kommen schon noch dran, Herr Heubl. Obwohl Sie im vergangenen Jahr kaum unangenehm aufgefallen sind – nicht einmal angenehm.
Aber ich hab mich dann doch traut und bin herkommen, weil dieser Starkbier-Anstich auf dem Nockherberg ist ja bekannt als eine harmonische, staatstragende Veranstaltung. Da weiß man, daß es fein hergeht bei der höheren Volée von Bayern. Da gibt's keine abfälligen Bemerkungen über die Obrigkeit, keine Unbotmäßigkeit gegenüber den herrschenden Häuptern und Zuständen.
Nein, bei diesem lieblichen Bierfest unter bayerischen Brüdern – und was für Brüdern! – find ich genau, was ich brauch: gewissermaßen die Spitzen-Creme der bayerischen Wirtschaft und Poli-

tik, der Kultur und der Subkultur, der Parteispender und Parteinehmer – Schulter an Schulter zusammengedrängt um die Maß aller Dinge. Das ist eine saubere Xellschaft! Ich mein: eine erlesene Gesellschaft. Da könn ma doch jetzt amal offen reden – und zwar über den Kanal.
Nicht vom Fernsehkanal, sondern von unserem großen bayerisch-europäischen Rhein-Main-Donau-Kanal – zucken S' doch net bei jedem Wort zamm, Herr Jaumann – manche nennen ihn auch den Schubert-Kanal, den Unvollendeten.
Nachdem ich aus der Presse erfahren hab, daß jetzt die große Mehrheit aller Kanalexperten, Wirtschaftswissenschaftler und intellektuellen Wasserwirtschaftler dagegen ist, mach ich mich ja keiner Sünde wider den satirischen Ernst schuldig, wenn ich Ihnen jetzt schonungslos ins Gesicht sag: Ich bin dafür!
Nur zur Information – falls auch einfachere Leute vom Land da sein sollten, wie Sie zum Beispiel, Herr Fraktionsvorsitzender August Lang, oder einer, der vielleicht ein bisserl über den Wolken schwebt, wie Sie, Herr Generalmusikdirektor Sawallisch, möcht' ich ganz kurz das Wichtigste erklärn: Also der Kanalbau ist zuerst von Bonn aus verschleppt worden, was ja kein Wunder ist bei dieser Schlepper-Koalition: die eine Partei, die SPD, die schleppt sich selber dahin, die ganz andere, die FDP, dient als Schleppenträger. Manchmal auch umgekehrt.
Und jetzt ist der Kanalbau zum Stillstand gekommen – geblieben ist uns nur die babylonische Sprachverwirrung: heute Hauffs Märchen, morgen Jaumanns Erzählungen, einmal Schmidts norddeutsche Sagen, ein andermal Polts garstiges Hildebrandt-Lied.
Und in diesem Grabenkrieg müssen Sie sich jetzt amal das gespaltene Innenleben von unserem armen Herrn Bundeskanzler vorstellen! Dagegen haben's unsere bayerischen Aufsichtsräte im Kanal direkt leicht: der Herr Jaumann, der Herr Streibl und der Herr Neubauer – die brauchen sich durch ihre Nebentätigkeit im Kabinett nicht beim Kanalbau irritieren lassen. Weil die bayerischen Interessen liegen ja sowieso schon im Kanal. Drum muß der ja auch unbedingt gebaut werden.
Aber es hat ja noch kein Mensch gsagt, daß wir auch ein Wasser reinlassen müssen! Das können wir uns ja später immer noch überlegen: Woll'n wir's Wasser ganz reinlassen? Oder laß ma überhaupts kein Wasser rein? Das Letztere müßt ja auch der Bundesregierung gfalln, weil das wär schließlich die klassische Null-Lösung. Aber das geht eben nur, wenn wir einen Kanal haben, der auch fertig ist. Des is ja logisch.
Schaun S', die Österreicher haben uns doch das Modell vorgmacht, und drum ist ja auch der Bundeskanzler Kreisky so für den Kanal: Die Österreicher ham doch auch in Zwentendorf ein Atomkraftwerk gebaut und keine Atomkraft reingelassen. Warum denn auch? Es langt doch, daß man weiß: Wir können im Notfall jederzeit, wenn wir wollen! Wenn die an Rhein und Main so bekannte Frage dann auch bei uns aktuell wird: »Wolle mer's reinlasse?«
Dadurch, daß wir in den Kanal nur ein Wasser reinlassen, wenn wir wollen, können wir wieder ein altes bayerisches Rezept für die Lösung politischer Probleme verwirklichen. Wir können dann nämlich jederzeit die Entscheidung treffen: »Schwoam ma's abi!«

So ein trockener, sauber ausbetonierter Kanal – Sie werden sehn – der bietet dann für jeden was, das wird ein echter Volkskanal. Die Gewerkschaften zum Beispiel könnten in unserem Kanal wieder eine Neue Heimat finden. Ja, grad wenn es wo zu Sumpfbildungen kommt, ist der Kanal recht praktisch, weil man amal durchspülen kann. Damit die Steine endlich ins Rollen kommen.
Aber bis die den Kanal voll kriegen, muß natürlich schon viel Wasser fließen. Bei der Vetter-Wirtschaft der Neuen Heimat stinkts allerdings jetzt schon so raus – da müß ma aufpassen, daß aus unserm Kanal keine Kanalisation wird. Die armen Genossen, die jetzt diesen klebrigen Vietor schlucken müssen! Da schluck ich schon lieber unsern süffigen Salvator. Prost – Schwoam ma's abi!
In der Urlaubszeit können wir die Kanalpiste jederzeit als Behelfsautobahn in den Balkan freigeben. Und wenn wir dort auch so lange Stauungen an der Grenze hätten wie in Salzburg, da bräucht ma bloß die Schleusen aufmachen: Schwoam ma's abi!
Oder denken Sie an die CSU – die muß doch wahnsinnig viele Widerstandskämpfer in ihren Reihen haben. Weil den Journalisten flüstert bei jeder Gelegenheit ein CSU-ler ins Ohr: »Wissen Sie, ich persönlich bin ja eigentlich immer schon gegen den Strauß gewesen, aber...« Aber halt. Diese unheimlich heimlichen Widerstandskämpfer könnten im tiefen Kanalbett endlich einmal den subversiven Grabenkrieg üben, ohne daß er sie dabei sehen kann. Damit das ständige »aber« wegfällt. Aber – falls sie zu früh und zu frech rausschaun sollten, heißt's aufpassen: da kann nämlich der Franz Josef immer noch sagen: »Schwoam ma'n abi!«
Wie mich der Herr Kiesl immer trotzig anlacht! Grad als ob er sagen wollt: »Neugierig bin ich ja, ob die mich heut zum Einschnappen bringen.« Unser Oberbürgermeister hat uns ja heuer versprochen, daß er den Schnee jetzt persönlich in die Hand nimmt. Bloß hat er ihn dann auch nimmer aus der Hand bracht.
Ja, wenn wir in München den Kiesl nicht hätten und den Föhn, wir könnten heut noch vom Nockherberg runter rodeln! Wahrscheinlich hat er den Schnee trocknen wolln, wie an Nes-Schnee, damit er ihn leichter aufheben kann. Aber dafür braucht er ihn künftig nimmer so lang auf der Straß liegen lassen. Jetzt kann er den Schnee dann im Kanalbett ausbreiten lassen, da stört er niemand. Und wenn er trocken is – schwoam ma'n abi!
Ähnliches könnten der Ertl Josef und der Hans Eisenmann mit den Butterbergen und den Fleischbergen machen, die ihre Bauern immer wieder produzieren. Die Landwirtschaftsminister können künftig ihre ganzen Überschußproduktionen im Kanal ablagern, bis ihre Bauern wieder von der EG die Prämien kassiert haben. Dann die Schleusen öffnen – schwoam ma's abi! Weil das Zeug landet ja sowieso im Ostblock und uns Steuerzahlern bleiben dann wenigstens die Transportkosten dorthin erspart.
Und zuletzt darf man natürlich nicht vergessen: Kanal ist Kanal und damit auch für das Fernsehen hervorragend geeignet. Erstens kann man den tiefen Kanalgraben als militärisches Testgelände für die Erprobung von Hauptabteilungsleitern und Chefredakteuren verwenden. Damit nicht

am End' einer eine höhere Rundfunk- und Fernsehkarriere macht, der nicht offen von sich sagen kann: »Ich bin dabei gewesen!«
Es muß ja nicht jeder bei der gleichen Waffengattung gewesen sein wie der Franz Schönhuber. Für eine leitende Position als Abteilungs-Hauptmann kann sich einer ja auch qualifizieren, der vielleicht stur ist wie ein Panzer. Oder der gern aus der Entfernung schießt wie die Artillerie. Mancher will sich vielleicht als Senkrechtstarter oder Starfighter präsentieren. Oder ein anderer fühlt sich als U-Boot – wenn's um die Verantwortung geht. Und Nahkampf-Ausbildung braucht ja praktisch jeder für den Stellungskrieg beim Funk.
Aber wenn Ihnen das Manöver-Gerangel zu viel wird, Herr Vöth – einfach die Schleusen öffnen! »Schwoam ma's abi!«
Ein Hund ist er schon, unser Kanal, bloß wie setzen wir ihn jetzt politisch durch? Wir haben ja immerhin schon eine recht seltsame Rhein-Main-Donau-Koalition: der Schmidt ist dafür, der Strauß ist dafür, der Kreisky ist dafür und die bayerische SPD ist auch dafür. Aber dazu braucht man einen langen Atem, weil des ist ja ein Jahrhundert-Bauwerk.
Darum müssen wir erstens die Nachfolge der Herren Schmidt und Strauß langfristig regeln, zweitens schaun, daß uns mit Hilfe von einem neuen Münchner Kardinal der Himmel gewogen bleibt. Drittens müssen wir dafür sorgen, daß die bayerischen Sozi endlich in Bonn jenen Einfluß bekommen, den sie bei ihren Münchner Genossen verloren haben. Um den Kreisky brauchen wir uns gottlob net kümmern, der regiert vollautomatisch weiter wie einst der Adenauer, bis seine Nachfolger aus Altersschwäche aufgeben.
Am meisten drängt die Nachfolge vom Kardinal Ratzinger, weil der ist schon weg. Ich frag' mich ja wirklich, ob wir dafür heut noch unbedingt einen Pfarrer brauchen. Wir könnten doch auch einen Laien nehmen, da sind ja oft viel schwärzere dabei wie bei de Pfarrer.
Wenn ich mir da die bekanntesten Laien-Prälaten anschau' – so leicht verklärte, mit den niederen Weihen im Gesicht – da würden mir am ehesten Alfons Goppel und Rudolf Hanauer als sehr geeignete Kandidaten einfallen. Die bringen auch die wichtigsten Voraussetzungen mit: Sie sind fromm und würdig, sie sind repräsentativ, nicht zu mager und sehn was gleich, sie reden nebulös daher und sind an Weihrauchschwaden gewöhnt.
Die beiden haben sich auch nie progressiver Ideen schuldig gemacht. Und ihrem Papst sind sie immer treu und gehorsam gewesen. Nur müßten die sich als Kardinal erst noch daran gewöhnen, daß für sie der Papst dann nicht mehr Franz Josef II. heißt. Und, sind S' ehrlich, meine Herren, – der Zölibat, der käm' Ihnen inzwischen auch gar nimmer ungelegen!
Mit der Nachfolge vom Helmut Schmidt möcht' ich mich auch nicht lang aufhalten, obwohl ich in meinem bayerischen Patriotismus unter allen Roten immer noch am liebsten einen Weißblauen seh. Na ja, der Hans-Jochen Vogel hat ja auch ein Riesenglück gehabt in seim Pech! Weil durch des, daß sie ihn zu einem Himmelfahrtskommando nach Berlin gschickt haben, is er noch rechtzeitig vor dem bevorstehenden Schiffsuntergang in Bonn unbeschädigt auf sichere Tauchstation kommen.

Aber freiwillig tritt der Schmidt ja nie zurück. Wenn einer zurücktritt, dann ist es der Wehner. Der tritt ja gern zurück – so wie ein bockiger Gaul. Der hat schon den Brandt zurückgetreten und jetzt hofft halt der Kohl, daß der Wehner den Rücktritt vom Schmidt auch noch schaffen wird. Gezuckt hat er schon.
Wenn sich dann der FDP-Schwanz einen neuen Hund sucht, mit dem er wedeln kann, dann hofft ja unser Franz Josef Strauß wieder, daß ihm der Zimmermann das Loch macht, durch das er aus Bayern raus kommt.
Wir hätten unseren Ministerpräsidenten h. c. schon vor zwei Jahren beinahe verloren, wenn wir den Stoiber Edmund nicht gehabt hätten, den Rattenfänger von der Lazarettstraß. Sie kennen ihn schon, des is der falsch gepolte Tonträger für Strauß-Platten: immer wenn der Strauß einen Schalldämpfer bräuchte, tritt der Stoiber als Verstärker in Aktion. Und immer, wenn der Strauß amal was Liberales ausspuckt, dann verschluckt es der Stoiber sofort – weil, da fällt ihm gleich der Lautsprecher aus.
Aber wenn dereinst der Franz Josef Strauß doch noch von uns geht, nach droben – ich mein nach Bonn – in dieser schweren Stunde wird die Nachfolgefrage aktuell, die schon seit Jahren viele seiner Freunde umtreibt.
Nur, so gut das für uns unter Kanal-Aspekten auch wär' – für Sie, Herr Strauß, wär's ganz schlecht, wenn Sie sich wieder ein Amt in der Bundesregierung aufhalsen würden. Ministerpräsident in Bayern, des is doch eine gemütliche Beschäftigung, aber in Bonn kann ja 'sRegiern in Arbeit ausarten – des wissen S' doch noch von früher.
Und wofür das ganze? Lassen S' doch im Falle eines Regierungswechsels dem Helmut Kohl die ganze Macht! Die vielen Dinge, in denen er mit Ihnen einer Meinung ist, die kann er doch allein entscheiden. Und da, wo er anderer Meinung ist, muß er ja eh in München anfragen, ob's Ihnen recht ist.
Ich tät die Strauß-Nachfolge ja einem von der SPD gönnen, weil die haben schon lang keinen mehr gehabt. Wenn's nur ein bisserl mehr Wähler hätten! Zur Zeit arbeiten die Sozi aber mehr auf die Zweidrittel-Mehrheit von der CSU hin. Ich glaub, die haben bei der Aktion »Das andere Bayern« das Watten gelernt. Und jetzt glauben sie, daß sie sich zurückspielen müssen, weil sie die meisten Kritischen in der Partei haben. Bloß einen Stich machen's damit wieder keinen.
Sie müßten halt noch bekannter werdn, unsere bayerischen Sozialdemokraten. Am bekanntesten ist ja noch der Dings, wie heißt er jetzt gleich wieder? Na, der immer so traurig ist, wenn der Strauß nicht in den Landtag kommt. Geh' helfen S' mir drauf, sagn S' mir's doch! Ein anderes Wort für Verbal-Sozi! Genau, jetzt hab ich's: Rothemund, Helmut Rothemund.
Wie schaut denn der aus, daß mir der noch net aufgfalln ist? Vielleicht meldet er sich? Sie, Herr Dings, gehn S' halt amal beim Stoiber Edi in die Lehr, da lernen S', wie man auffällt. Es braucht ja net gleich so unangenehm sein wie der, aber auffallen müßten S' scho mehr, Herr Dings... äh, Herr Rothemund.
Was den Sozialdemokraten abgeht, das ist dieses Talent, sich zuerst bekannt und dann erst beliebt zu machen, wie das zum Beispiel der Kiesl Erich hat. Dem ist die Raffinesse einfach angeboren.

Des hat damals ja niemand durchschaut, wie der sich aufgebaut hat. Wie er gewählt worden ist, da hat ihn ja kaum jemand kennt. Man hat nur gwußt, daß er a guter Fassadenkletterer is.
Den Münchnern war's ja zunächst auch wurscht, wen sie wählen – Kiesl hin, Zehetmeier her – solang es nur gegen die Münchner Harakiri-Sozialisten gegangen ist. Erst danach haben sich die Leut langsam angeschaut, wen sie da erwischt haben. Oh mei!
Aber da hat er sich dann gschickt aufbaut mit lauter Publicity-Gags. Durch des haben die Leut sich den Kiesl eingeprägt und sich gesagt: den merk ma uns! Nach und nach sind dann Hofdamen, Kronleuchter, Armleuchter und dergleichen in Vergessenheit geraten. Nur der Kiesl ist uns bliebn: pur, als Mensch. Wenn Sie sich damals nicht so geschickt bemerkbar gemacht hätten, Herr Kiesl, dann täten die Leut bis heute glauben, daß immer noch Sie Oberbürgermeister sind, Herr Kronawitter.
Der Kronawitter Schorsch ist ja damals auch erst nach seiner Wahl so richtig populär wordn, weil ihn seine Parteifreunde täglich hörbar mit dem Schlegel vors Hirn gehaut haben. Dann ist der Schorsch eine Zeitlang in der Versenkung verschwunden und jetzt baun sie ihn wieder auf in München – Schlag auf Schlag. Aber da hilft Ihnen alles nichts, Herr Kronawitter: Die Münchner SPD wird es Ihnen nie verzeihen, daß Sie populär sind.
Müß ma uns halt doch für die Strauß-Nachfolge wieder bei den Schwarzen umschaun. Ja, eine starke Hand, die man für die Kanalwache an einem Jahrhundertbauwerk braucht, die ist schwer zu finden. Wenn ich mir das ganze Kabinett so anschau – soweit man's halt kennt, die Herren Minister – na, ich weiß nicht, ob wir da einen Nachfolger finden, dem auf lange Sicht der Durchbruch im Kanal gelingt.
So ein Ministerpräsident, der muß ja nicht nur bekannt sein, sondern geradezu populär. Der muß improvisieren können und eine Ausstrahlung haben wie eine Flutlichtanlage. Mei, Herr Süßmeier, Sie wärn natürlich schon genau der Mann. Aber alles kann der Richard ja auch net machen. Er ist schließlich der einzige, der die Journalisten so weit bringt, daß sie Bierpreiserhöhungen geradezu fordern. Der Mann ist unentbehrlich!
Natürlich hätten wir auch Sie, Herr Jaumann. Unser Herr Wirtschaftsminister, der schwäbische Barockschrank, hat ja sogar im Sitzen ein rießiges Stehvermögen. Für den Kanal ist der ideal. Wenn man nur dem sein Genuschel verstehn könnt! Aber er ist Schwabe und die brauchen wir zum Arbeiten. Für die Repräsentation sind die Altbayern da.
Man wirft dem Strauß oft vor, daß er keine Nachfolger aufbaut. Das ist ganz ungerecht. Der baut immer wieder neue Figuren auf – grad wie der Schichtl auf der Wiesn. Mancher hat doch in Bayern schon Karriere gemacht – nur durch das Gerücht, er kenne den Strauß persönlich. Und erst, wie einer schon ganz oben war, zum Beispiel als Chefredakteur, da hat sich dann plötzlich rausgestellt, daß der Strauß ihn gar nicht kennt. Oder nicht kennen will. Oder auch nimmer kennt. Weil der kennt sich ja oft selber nimmer. Zum Beispiel, wenn er den Maier sieht.
Der Hans Maier kann ihm dankbar sein, weil das Ungnadenbrot vom Strauß ist ja fast das einzige,

was ihn als Kultusminister noch ernährt. Unser Kultusminister lebt ja vor allem von seiner Bescheidenheit und von der Genügsamkeit seines Ministeriums. Nehmen S' nur seine Schulpolitik: mit der sind die Schüler unzufrieden, die Lehrer unzufrieden und die Eltern unzufrieden. Nur der Minister ist recht zufrieden – und das genügt. Oder nehmen S' die Theaterpolitik: da sind die Künstler unzufrieden und die Zuschauer unzufrieden. Aber der Minister ist mit seinem Intendantentheater recht zufrieden – und das genügt bei uns.

In dem Maier reift doch auch eine große Begabung heran für die Stärkung des nationalen Selbstbewußtseins – nach dem Motto: Was die anderen von uns denken, kann uns wurscht sein, die Hauptsache ist, wir sind selber mit uns zufrieden. So ein Mann wär doch als Ministerpräsident glatt verschenkt – der müßt Bundespräsident werden! Aber jetzt Schluß mit Maier, sonst geht uns der Strauß noch heim.

Für unseren Bau wär wieder eher der Minister Dick gut. Dieser staadlustige Niederbayer hätt den Kanal sicher schneller fertig als die Bonner schaun können. Der Tricky-Dick Alfred ist der Umwelt-Maulwurf des bayerischen Kabinetts: Von dieser samtigen schwarzen Maus sieht man nichts und hört man nichts, – vor allem, wenn's ihm einen Maulkorb verpassen. Aber plötzlich ist ihm dann doch wieder ein Wurf gelungen – und der Strauß hat zu seiner Überraschung einen Haufen in der Wiesen.

Das Showtalent, das dem Dick abgeht, das hätt ja der Max Streibl. Der tät ja sehr gern Ministerpräsident werden. Aber – ich weiß nicht so recht. Der lacht immer so volksverbunden und strahlt so geschneckelt in die Kamera. Wie finden Sie denn des? Was braucht a Finanzminister aa no lacha? Also mir als Steuerzahler kommt das immer so vor wie ein abgründiges Oberammergauer Hohngelächter. Der soll erst einmal das Geld für unsern Kanal herbringen, dann wird ihm's Lachen schon vergehn!

Wenn man von Oberammergau spricht, dann fällt einem sofort das passende Ergänzungsstück aus Altötting ein – das sind ja die zwei katholischen Geschäftszentren. Und die große Empörung mit »Rhabarber-Rhabarber« murmelnden Volksmassen, die inszeniert der Tandler bei jeder Gelegenheit grad so gut wie die Oberammergauer.

Dieser jüngste Apostel im Kabinett ist ja auch der Lieblingsjünger des großen Meisters. Es kann auch keiner den Strauß so gut nachbeten wie der Gerold. Der probiert ja auch immer wieder amal die großen Schuhe seines Meisters an – und da kann er dann auch ganz schön drin Kahn fahrn. Aber er traut sich wenigstens was! Bloß, damit er in die Schuhe von einem Ministerpräsidenten langsam neiwachsen kann – ohne daß ihn de andern wieder nausbeißen - da müßt halt der Meister noch möglichst lang seine Segenshand über dem Kleinen ausbreiten. Aber damit ist wieder alles offen.

Also, ich wüßt wirklich keinen Politiker für die Strauß-Nachfolge. Vielleicht hab ich jetzt auch einen übersehen oder ich kenn ihn net. Gell, net bös' sein, sondern nur mehr anstellen in Zukunft, daß Sie bis nächstes Jahr zur Salvator-Probe besser auffallen! Das gilt auch für Sie, Herr Generalintendant. Nicht, daß Ihr Vertrag als Generalrentner Maiers Intendantentheater auch noch auf

die Staatskanzlei ausgedehnt werden sollte! Aber vielleicht fällt Ihnen zum Prinzregententheater was ein. Da könnten S' angenehm auffallen!
Aber die Nachfolge von unserem Herrn Ministerpräsidenten – glauben S' mir des – die ist nur auf eine Art zu lösen: in der eigenen Familie. Ja, nur in der Familie Strauß selber! Mit deren Einzug in das Wittelsbacher Schloß in Kreuth ist ja schon ein schöner, wenn auch bescheidener Anfang gemacht. Ein späterer Umzug in die Münchner Residenz ist dann nur noch eine Frage der Spedition.
Die Kronprinzen mischen ja sowieso schon überall kräftig mit. Ein Krisenstab ohne Prinz Max wär ja kaum mehr vorstellbar. Und in der Hofberichterstattung ham die Dauphins den Vater ja schon lang an die Wand gespielt. Aus den Klatschkolumnen erfährt man auch, daß sie sehr volkstümlich sind und leutseligen Verkehr mit den Töchtern des Landes pflegen.
Für diese dynastische Lösung kommt uns jetzt die Tatsache zugute, daß die CSU heuer sowieso wahrscheinlich die Zweidrittelmehrheit kriegt. Und dann kann sie ja die bayerische Verfassung ändern: der Freistaat wird eine Art fürstliche Erbhof-Demokratie. Man könnt's auch eine konditionelle Monarchie nennen. Das heißt: es kommt auf die Kondition an. Wer die meiste Kraft hat, der regiert bis er nimmer kann. Dann übernimmt der Bua – unter Aufsicht der Landesmutter.
In der Verfassung bringt des ja nur eine kleine Korrektur: statt »alle Gewalt im Staate geht vom Volke aus« müßt's dann heißen: »Der Landesfürst geht vom Volke aus und regiert den Staat mit aller Gewalt.« *PROST SALVATOR!*

PROST SALVATOR 1983
Das is mein Kanzler !
Salvator
Salvator

*Sehr geehrte Salvatorgäste!*
*Herzlich willkommen am Nockherberg!*

Es gibt eine freudige Überraschung. Ich kann Ihnen nämlich verkünden: Er kommt. Ja, wirklich wahr: Er kommt doch noch persönlich – der Heißersehnte, auf den wir schon so lange gewartet haben. Geh', bittschön rucken S' doch noch ein bisserl enger zamm, da vorn, damit er auch rein kann, wenn er endlich da ist. Ja, grad da vorn bei den Großkopferten. Die sitzen nämlich immer noch so, wie sie jetzt wochenlang im Wahlkampf dahergredt ham – viel zu locker!
Es kommt nämlich ein ganz Hoher. Am Fuße des Nockherberges soll er schon gesichtet worden sein. Und es ist kein Geringerer als – naa, der Bernd Schuster ist es nicht. Net amal der Bundeskanzler! Es ist ein viel Wichtigerer, von dem alle geredet habn: der Aufschwung persönlich!
Aber glaubens jetzt net, daß der was mit dem Wahlausgang zu tun hat. Naa, der kommt vom Starkbier. Es handelt sich nämlich um einen Original-Wirtschafts-Aufschwung. Aufschwung, dein Name ist – SALVATOR!

Hohe Festversammlung!
Erlauben Sie mir noch ein ernstes Wort, bevor ich Sie dann im einzelnen vertraulich beleidige – Sie mein ich ja gar nicht, Herr Vöth, tät ich mir doch nie erlauben unter Arbeitskollegen!
Nein, ich wollt sagen: Sie alle haben vielleicht in der Eile, in der Sie grad Ihre Weißwürst verschlungen haben, gar nicht bemerken können: heut ist Freitag! Gell, die Weißfisch-Stäbchen bitte zum Herrn Prälat Maier! Ja, des is fei völlig legal: Das Fastengebot gilt nämlich nur, wenn man selber kocht oder zumindest selber zahlt. Beides ist hier nicht der Fall.
Damit komm ich jetzt zum eigentlichen Hauptthema meines heutigen akademischen Festvortrages: »Der wütend wallende Wahlkampf-Wahnsinn als deutscher Beitrag zum weithin wogenden Wagner-Jahr.« Darum haben wir uns jetzt nach der deutschen Wahl auf dem bayerischen Walhall versammelt.
Ich wende mich also zuerst an alle Überlebenden, Hinterbliebenen und an die wieder von ihren Walküren auferweckten Helden dieser Karate-Oper. An die ersten, zweiten und dritten Sieger dieses männermeuchelnden Gemetzels und viertens natürlich auch an die grünen Gewinner. Verlierer gibts ja heutzutage bei fast keiner Wahl mehr.
Drum hat mir das eigentlich recht imponiert, daß der Hans-Jochen Vogel da net lang rumgredt hat – Sie wissen schon, wie's sonst immer heißt: »Immerhin das fünftbeste Ergebnis seit 1873 und beachtliche Stimmengewinne am Taunus-Osthang.« Nein, er hat glei gsagt: »Wir haben die Wahl verloren.« Respekt!
Und die Es-Pe-De kann ihm trotzdem dankbar sein. Weil ohne Hans-Jochen Vogel wärn die Sozi nach dem Ausstieg vom Helmut Schmidt nicht bloß vernichtet, sondern direkt pulverisiert wordn. Dann hätten sie sich umtaufen müssen – in »Nes-Pe-De«.
Das ist ihnen nun doch erspart geblieben. Und grad bei uns in Bayern gilt der faire Grundsatz: Geschlagene Gegner werden nicht vernichtet – man braucht sie ja noch zum Derblecken. Aber Geschlagene gibt es ja nicht bloß bei den Verlierern. Nein, auch bei den Siegern. Schaun S': der

Kohl is mit dem Strauß geschlagn, der Strauß mit dem Genscher, der Genscher mit dem Zimmermann – und die meisten sind eh mit sich selber genug geschlagen. Hab ich nicht recht, Graf Lambsdorff?
Es ist beruhigend, daß wir Sie dahaben – ham S' eigentlich die Rückzahlung der Zwangsanleihe glei mitbracht? Da sitzen nämlich einige im Saal, die schon drauf warten. Ja, versprochen ist versprochen! Sie, wenn S' Ihna der Stoltenberg net rausruckt, vielleicht streckt's der Herr Flick vor? Naa, net als Spende – Sie können's ja abarbeiten: entweder als wirtschaftspolitischer Artist – mit Ihrem berühmten Flick-Flack – oder vielleicht als Flick-Schuster. Ich hab nur gmeint, weil Sie ja gar kein Schuster-Werkzeug bräuchten: Ihr harter Daumen geht doch leicht als Hammer und 's Leder könnten S' gut mit Ihrer scharfen Zunge schneiden.
Es gibt aber auch Sieger, die warn selber gar net im Rennen und haben trotzdem gewonnen. Da strahlt er, der Erich Kiesl, weil er sich gleich betroffen fühlt. Ihre Münchner CSU-Abgeordneten haben Ihnen diesmal die Kohlen aus dem roten Feuer geholt. Weil sonst wärn Sie drauf verbraten worden – als Sündenbock.
Der einzige, der Ihnen gefährlich werden könnt, Herr Oberbürgermeister – naa, ich mein jetzt nicht den Kronawitter Schorsch, weil der muß erst noch den Kampf der Giganten mit dem Manfred Schmidt bestehen – naa, gefährlicher für Sie ist der wepsige Aerobic-Stadtrat, der Gauweiler. Geh, stelln S' doch dem seinen Schreibtisch glei in die Feldherrnhalle, damit er die Polizeieinsätze auch standesgemäß dirigieren kann. Mit dem Nachfolger im Gnack ghörn Sie schon auch zu den Geschlagenen, Herr Kiesl. Aber da gäb's noch einen ganzen Haufen!
Wegen der großen Leiden und Strapazen, die Sie auch erdulden haben müssen, möchte ich im Namen aller Nicht-Politiker, also namens der Leidtragenden dieses Wahlkampfes, die anwesenden Politiker bevorzugt und möglichst namentlich begrüßen. Wo hab ich denn diese Namen, die sie sich selber im Wahlkampf gegeben haben, damit's unser Vertrauen gewinnen. Ah da:
»Sehr geehrte Herren Verbrecher und Verleumder! Werte Lügnerinnen und Lügner! Liebe müde und kalte Krieger, blutige Stümper, Dilettanten und Gaukler! Hochgeschätzte geistige Bürgerkrieger, Brandstifter und Brunnenvergifter! Ehrenwerte Erpresser, Klimaverpester und Klassenkämpfer von oben! Liebe Handlanger Moskaus und Speichellecker Washingtons, opportunistische Abstauber, Schaukelpolitiker und sesselklebrige Erbhofbauern, mittelmäßige Spießbürger und reaktionäre Maulhelden, linke Landsknechte und rotgrüne Chaoten! Ich begrüße Sie alle voll Hochachtung, auch in Begleitung Ihrer ahnungslosen Engel und nützlichen Idioten.«
Prost!

Ja, so eine Gesellschaft haben wir schon lange nicht mehr beinand ghabt da herobn. Aber diese Besetzung wenn Sie amal für die Götterdämmerung z'sammenbringen würden, Herr Sawallisch, dann hätten S' eine Bombenstimmung in der Oper! Und wenn Sie dazu ein Libretto vom Franz Josef Strauß kriegen könnten, dann wär endlich Schluß mit der kulturellen Ermattung

und Entartung. Da könnten Sie glatt amal Bayreuth an die Wand spielen.
Ja, eine gscheite Buße haben sich manche von unseren Wahlkämpfern schon viel eher verdient als wie a Schweinshaxn. Aber es braucht sich niemand um die Bußfertigkeit dieser Herrschaften Sorgen zu machen: Die werden ersatzweise von mir gezüchtigt!
Bei Ihnen, Herr Genscher, is des ja grad noch amal gut gangen. Ob des für uns aa gut geht, wiss ma natürlich net. Aber ehrlich gsagt, mir ham uns schon Gedanken gmacht, wie wir Sie versorgen hätten können.
Wir hätten da am ehesten an den Zirkus Krone gedacht gehabt. Naa, natürlich net als Elefant. Aber so ein Posten als Zirkusdirektor wär net so schlecht. Da gibt's nämlich auch viele Auslandsgastspiele. Und was Sie bei dem Koalitionswechsel in Bonn gezeigt haben, das war wirklich eine starke Zirkusnummer: So eine Mischung aus Illusionist am fliegenden Trapez und Hochseil-Akrobatik ohne Netz.
Nur – der Genscher ist ewig nicht gsprungen! Wie wenn er mit dem Hosenträger in der Zirkuskuppel einzwickt gwesen wär. Für seinen Links-Rechts-Salto hat er dann einen so langen Anlauf genommen und beim Pendeln hat er fast zwei Jahre Schwung gholt. Da haben alle gmeint: Jetzt muß er doch endlich aufs Kreuz fliegen!
Aber mit seiner Erfahrung als außenpolitischer Drachenflieger hat der Genscher noch im Runtersegeln so viele Leihstimmen abgestaubt, daß er wieder Auftrieb kriegt hat. Bloß: Nachdem er schon mit den Leihstimmen vom Schmidt durchbrennt is, wird der Kohl seine Leihstimmen auch nimmer zrückkriegen. Der Schmidt hat ja gsagt, daß er keinen Scheck mehr von Ihnen nimmt, Herr Genscher. Also, der Herr Strauß nimmt ihn schon. Aber natürlich nur mit Scheckkarte!
Den Josef Ertl brauch ma nimmer versorgen. Der hat sich's ja gleich selber gricht. Dem is beim Absprung vom Götterhimmel der Fallschirm grad noch rechtzeitig aufgangen – jetzt landet er weich als Präsident der Deutschen Landwirtschaftsgesellschaft. Obwohl – Sie mit Ihrm Sitzfleisch hätten ja überall gut landen können, Herr Ertl. Aber jetzt wünschen wir Ihnen halt eine recht gute Nachred – aber möglichst a bessere als Ihre eigenen Reden waren!
Beim Justizminister Engelhard wär's schwieriger worden mit einem neuen Job. Aber es hätt eine Möglichkeit geben: Langsam – Sprechkurse für die Grünen! Die sind nämlich nur deswegen nicht in den Bayerischen Landtag kommen, weil die Petra Kelly so schnell redet. Da kommt ja hierzulande keiner mit, weil wir immer zuerst denken. Wenn einer der Petra noch das Langsamreden beibringen kann, dann nur ein Experte wie der Herr Engelhard.
Aber gerettet sind die FDP-Minister ja von den Grünen worden. Habts ihnen als Dank schon einen schönen Strauß Kohlrabiblattl gschickt? Des war so ziemlich das Letzte, was die Grünen gewollt ham mit ihrem Einzug in den Bundestag: ausgerechnet Ihnen auch noch die Ministersessel sichern!
Eigentlich habn die ja gehofft, sie könnten das Land bei dieser Wahl mit neuen Hoffnungen begrünen. Derweil is es jetzt glei so schwarz word'n, als wenn's frisch geteert worden wär. Trotzdem tun die echten Grünen euch Politikern

allen recht gut – als Stachel im Sitzfleisch. Für uns Bürger wird's erst besser, wenn nach dem Rotationsprinzip dann die ganz progressiven Alternativen nachrücken. Weil de verlangen dann die Abschaffung der Industriegesellschaft bei vollem Lohnausgleich und die Übernahme der Bevölkerung ins Beamtenverhältnis.
Na ja, den Wahlkampf habn wir jetzt wenigstens hinter uns. Und hier auf dem bayerischen Walhall können unsere Wahlkämpfer jetzt ihre ermatteten Glieder stärken, ihre heisergeschrienen Kehlen anfeuchten... Aber net gleich wieder alle Schimpfkanonen neu ölen, Herr Stoiber! Wenn Sie fei dauernd beweisen wollen, daß Sie die große Munition vom Franz Josef Strauß mit noch größeren Kalibern übertrumpfen können – Sie, da zreißt's Ihnen amal das Rohr!
Herr Minister Schmidhuber, falls Sie jetzt eventuell mit dem Herrn Stoiber Platz tauschen, dann nehmen S' doch zu Ihrem Abschied in Bonn noch a paar Faß SALVATOR mit! Damit wir wenigstens, wenn Sie weg sind, noch einen friedlichen Botschafter Bayerns in Bonn haben. Und der Edmund Stoiber kann sich damit immer gleich seinen Mund kühlen, wenn er ihn sich wieder verbrennt hat. Mei, Sie täten uns fehlen in Bayern! Grad im Wagner-Jahr geht uns so ein Jung-Siegfried ab, der sogar dort noch Drachen derschlagt, wo gar keine mehr sind.
Des sind aber net die einzigen Sorgen, die wir in Bayern mit dem Wagner-Jubiläum habn. Der alte Ring des Nibelungen in der Staatsoper hat sich nämlich inzwischen totgelaufen – wie so vieles in der bayerischen Kulturpolitik. Und bei der genannten Neuinszenierung hat der Generalmusikdirektor Sawallisch jetzt große Probleme. Nicht daß ihm grad das Deutsche Theater so große Konkurrenz machen tät. Obwohl dort ja an Silvester auch eine vielbeachtete Götterdämmerung aufgeführt worden is – allerdings mehr eine gastronomische. Und vom Programm her sieht's ja dort eher so aus, daß sie jetzt in ganz Europa Ladenhüter aufkaufen und bei uns als Lückenbüßer groß rausbringen. Ja, das Deutsche Theater in München wird bald einen Weltruf als Jedermann-Bühne haben – weil da darf wirklich jedermann auftreten.
Übrigens wo ist denn heut der Herr Everding? Was, der fehlt? Bei einem Fest? Aber der hätt uns sowieso nichts gnutzt, bei dem Hauptproblem vom Herrn Sawallisch: Es gibt nämlich keine jungen Wagner-Sänger mehr!
Aber wenn der Ruf der bayerischen Kultur auf dem Spiel steht, dann müssen eben die bayerischen Minister einspringen. Des is im Prinzip kein Problem, weil die meisten sind sowieso zu allem fähig. Jetzt geht natürlich der Streit los: Welche Wagneropern sind zum Jubiläum am wichtigsten und wer kriegt dann die schönsten Rollen?
In so einer schweren Kulturfrage schreit natürlich alles nach dem Herrn Maier. Der Kultusminister hat ja mit Besetzungslisten eine Riesenerfahrung – schon von den Universitäten her. Bedenklich wär bei dem nur, daß dann auch in der Oper alle Auftritte nur noch von rechts oder von hinten kommen dürfen.
Aber mir is jetzt aufgfallen, daß man vom Kultusminister seit Monaten schon nichts mehr gehört hat. Der muß in den politischen Untergrund gegangen sein. Ja, es besteht der starke Verdacht, daß der Maier ganz Bayern unter-

wühlt – zusammen mit dem Rudolf Mühlfenzl. Der Mühlfenzl schaufelt nämlich fürs Kabelfernsehen und der Maier verkabelt dabei gleich seine Schulen mit. Dann kann er endlich die allzu fortschrittlichen Lehrer persönlich kontrollieren, damit die Schüler leichter den Anschluß ans 19. Jahrhundert finden.

Aber damit ist den beiden Nibelungen Maier und Mühlfenzl die Rolle im Ring schon auf den Leib geschrieben. Der Gesamtschul-Bezwinger Maier als der listige Zwerg Alberich, und der Mühlfenzl als Mime, der Programm-Schmied. Herr Maier, wenn Sie jetzt sagen, Sie wärn als Zwerg a bisserl zu groß – Sie, die CSU hat schon andere kleingekriegt! Zur Not beteiligt Sie der Herr Strauß noch an dem Wettschrumpfen, das er demnächst zwischen Kohl und Genscher veranstalten wird.

Aber manche in der CSU wollen ja sowieso lieber den Lohengrin aufführen. Da hättens halt schon mehr Erfahrung, weil da heißt's doch so schön: »Nie sollst Du mich befragen, noch Wissens Sorge tragen, woher ich kam der Fahrt noch wie mein Nam und Art.« Und de Oper hams ja schon einmal in einem Ausschuß aufgführt. Da hätten wir nämlich eine Spitzenbesetzung: Als Lohengrin den Langemann und den Ludwig Huber als Schwan.

Da gibt's übrigens eine interessante Parallele zwischen dem Fall Langemann und der Null-Lösung. Beide werden nämlich als Wanderpreis herumgereicht. Die Null-Lösung hat der Schmidt erfunden, der Genscher hats weitererzählt und der Kohl hats glaubt. Den Langemann hat der Huber erfunden, der Strauß hat an ihn geglaubt und wie er dann schon grochen hat – da hams ihn dem Tandler in die Schuh gschoben.

Der bayerische Wirtschaftsminister fordert für sich gleich zwei Opern, weil er ja auch als Ministersessel zwei Stühle braucht. Aber was soll ma dem Jaumann bloß anbieten? Bis vor kurzem hab ich den wackeren Schwaben noch in dem furchtbaren Verdacht ghabt, daß er ein Heiratsvermittler, ein Mitgiftjäger oder ein Sittenstrolch sein muß.

Schaun S': Der Mann ist ständig unterwegs, wechselt dauernd von Standort zu Standort und ist ewig auf Partnersuche. Der inseriert immer nach Gleichgesinnten und fragt dabei noch unverblümt nach dem Vermögen. Da hätt sich nämlich für den Jaumann Wagners »Liebesverbot« angeboten. Aber dann hat sich rausgstellt, warum der so ruhelos herumirrt: Er sucht Partner mit Geld für Körting, Grundig, AEG usw. Na, da werden wir ihn jetzt eher als »Fliegenden Holländer« rausbringen.

Da bleibt dann für den Bayerischen Landtag praktisch nur noch der neue Ring des Nibelungen. Dafür kann ich Ihnen heut schon exklusiv die vorläufig endgültige Besetzungsliste verraten:

Als Göttervater Wotan waltet Franz Heubl weiter unumstritten auf Walhall. In einer Doppelrolle übernimmt die Staatssekretärin Berghofer-Weichner die Göttinnen Fricka und Freia, die Hüterin der Jugend. Die Minister Pirkl und Hillermeier mimen die Riesen Fasolt und Fafner. Justizminister Gustl Lang spielt den Helden Hunding, läßt sich aber lieber als Hund-ling ansprechen. Umweltminister Alfred Dick bleibt lieber im Hintergrund und singt den Waldvogel. Für die übermenschlich starke Walküre Brun-

AM NOCKERBERG – SENSATIONELL –
FLIESST ENERGIE AUS NEUEM QUELL:
HIER FLIEGEN MIT GEBREMSTEM SCHAUM
DIE GRÖSSTEN BOMBEN IN DEN RAUM.
SO TRIFFT MAN GLATT DURCH DEN SALVATER
BEIM GIPFELTREFFEN DEN GOTTVATER!

hilde – Moment, wen ham mir denn da? Die Ursula Redepennig ist ja gar nicht mehr im Landtag. Da müssen wir halt die übermächtige CSU-Fraktion als Ganzes nehmen. Die singt dann ihren Vorsitzenden Tandler an: »Er zwang mir Lust und Liebe ab.« Aber Klein-Gerold als König Gunther kann diese starke Brunhilde natürlich nicht allein zur Liebe zwingen. Da muß schon immer noch Alt-Siegfried Strauß mit der Tarnkappe hinter ihm stehen.

Für den Tandler hat sich leider keine bessere Rolle gfunden, weil der Wagner seine Helden nie nach Altötting hat pilgern lassen. Der hat ja in seinen Opern net amal einen Postwirt mit starkem Mythos brauchen können.

Jetzt brauch ma noch einen finsteren Hagen, der endlich den Siegfried von hint niederstechen soll. Des ist ja aa ausgesprochene Oppositionsrolle und wird von der bayerischen SPD seit Jahrzehnten geprobt. Aber wer soll's als nächster probieren: der Jürgen Böddrich oder der Peter Glotz? Wie ich die bayerischen Sozi kenn, wird es der Glotz versuchen müssen. Des is ein magerer Intellektueller, dem kein Lacher auskommt. Ich glaub, so einen wünscht sich die CSU direkt als Nachfolger fürn Rothemund.

Ja, früher haben nach altem germanischen Brauch die Sieger immer einen von den Unterlegenen aussuchen dürfen, den sie den Göttern geopfert haben. Da würden die Sieger dieser Wahl jetzt womöglich den Glotz aussuchen und ihn den Bayern vorwerfen. Sie meinen, den Hagen hams damals bis zu den Hunnen gschickt? Des geht mit dem Glotz net, weil der ja schon in München-Nord hängen bleibt.

Im neuen Ring des Nibelungen können übrigens probeweise auch amal die Grünen mitspielen. Die dürfen entweder als verführerische Rheintöchter im Trüben fischen oder als Nornen an unserem Schicksal spinnen. Und wir alle spielen natürlich auch mit. Das verfluchte und verwunschene Rheingold, um das sich alle so mörderisch raufen, ist nämlich nichts anderes als die so heißbegehrte »Erblast« von Bonn am Rhein. Und die hätt bei dieser Wahl erobern können wer will – zahlen müssen's auf jeden Fall wir. Prost!

Ja, so ein kühles Bier nach der Schlacht um die Erblast des Nibelungen bringt heilsame Kühlung. Die ist auch dringend notwendig, vor allem bei den Großkopferten und Gschwollschädeln. Weil die mit ihren geschwollenen Reden soviel heiße Luft verströmen.

Drum, Herr Schmidhuber, denken S' dran und schenken S' dann dem Helmut Kohl ruhig auch eine Maß ein. Das entkrampft dem schwarzen Riesen vielleicht wieder sein putziges Fäusterl, mit dem er solang gegen den erhobenen Zeigefinger vom Helmut Schmidt getrommelt hat. Vielleicht lockert sich beim Herrn Bundeskanzler dann sogar das verhärtete Tele-Lächeln. Vorausgesetzt, daß ihm sein Medienberater die Aufhebung des Lachzwangs erlaubt. Der muß ihm ja – frei nach Richard Wagner – ins Drehbuch geschrieben haben: Zuversicht zeige und zaudere nicht, Du zahnender Zauberer!

Ob wir aa soviel zum Lacha ham werdn, des muß sich erst rausstellen. Ins Fäustchen lacht sich ja jetzt der Heiner Geissler. Der braucht übrigens auch eine Kühlung für seinen Übermut! Sie wissen schon, des is der, wo jetzt den Kommunisten Bert Brecht in die christliche Dichtung eingeführt hat. Ich frag mich nur, warum der früher so

brave Familienminister plötzlich so angriffslustig gwesn is? War des die Angst vor der CSU oder hat er doch das Wunderwasser von Ranschbach trunken?
Gekühlt werden muß aber auch der gerechte Zorn, Herr Vogel. Sie müssen anscheinend schon zuviel Ehre eingeheimst haben, weil man Ihnen glei gar so viel davon abgeschnitten hat. Aber mei, wer die Geister der Ellenbogen-Gesellschaft ruft, dem hauns halt gleich die Ellenbogen rein. Und »auf dem Schlachtfeld« – so hat der Franz Josef Strauß schon amal tröstend gesagt – »gibt es gelegentlich Verletzte.«
Und der muß es ja wissen, weil der war auch schon oft drunter. Der Strauß hat schon so viele Speere, Pfeile und Hackl ins Kreuz geschmissen kriegt, daß er die reinste Waffensammlung im Hinterteil hat. Aber ein paar Bumerang san schon aa dabei, gell!
Bloß eines versteh ich ja net, Herr Vogel. Warum haben jetzt Sie in Vilshofen gesagt, Sie wollen keinen Bundeskanzler, der vor jeder wichtigen Entscheidung immer in München anfragen muß? Ja, wo soll denn der Bundeskanzler sonst anfragen? Vielleicht gar beim Bundestrainer Derwall? Daß er immer den Reagan fragt, des geht ja auch net. Weil – da müßt der Kohl ja Englisch können.
Oder sollten Sie mit München den Herrn Strauß gemeint haben? Der geht ja sowieso bald nach Bonn und bringt dann alle Antworten glei mit, damit der Kohl die Telefonkosten spart. Als Antwort auf die Frage der Null-Lösung zum Beispiel, da bringt er den Erich Riedl mit. Weil der hat als Präsident von 1860 München die Null-Lösung schon einmal geschafft.
Herr Vogel, Sie können doch auch nicht gewollt haben, daß der Helmut Kohl gar niemanden fragt und einfach macht, was ihm selber einfällt! Naa, nur mit Einfalt gehts aa net! Da denken Sie viel zu akademisch, Herr Dr. Vogel. Übrigens, ham S' Ihr Jopperl schon wieder gfunden? Ihr Jackett? Ja, Gott sei Dank, er hats an: Ich hab mir nämlich schon Sorgen gemacht, weil er auf sovielen Wahlplakaten immer nur im Hemd dagestanden ist. Naa, a Hosn hat er natürlich schon anghabt! Aber die wollt ihm ja die CSU auch noch ausziehen.
Nein, ich mein diese Schwarz-Weiß-Plakate mit den vielen Sprechblasen: Stummfilm mit Untertiteln. Des muß wieder so einem intellektuellen Trachtenpreißn in Ihrer Partei als strategische Idee eingfalln sein, daß man Sie unbedingt in Hemdsärmeln als volkstümlich verkaufen muß. So, als ob Sie sich als Manager für eine Kegelbahn beworben hätten!
Aber san S' froh, daß der Herr Brandt und seine Parteistrategen net aa no auf die Idee kommen san, Sie in einem kessen Friseur-Schürzerl abzubilden. Des wär nämlich sehr nahe gelegen, denn überall, wo seine Genossen zuvor eine haarsträubende Politik gemacht habn, da hat dann unser armer Vogel Hansi einfliegen müssen – München, Berlin, Bonn – Figaro hier, Figaro da! Und immer ham S' ihn viel zu spät geholt: Wo der SPD schon die letzten Haar ausganga warn, hätt er noch auf der Glatzn Löckerl drehen solln!
Jetzt hat wenigstens der dauernde Umzug ein End, Herr Vogel. Das gleichzeitige Auftauchen in München, Bonn und Berlin wird Ihnen nämlich höchstens bei der Heiligsprechung amal angrechnet – als Wunder der Tri-Lokalität. Aber

jetzt werds ruhiger, jetzt sind S' Oppositionsführer – des is a Dauerstellung. Natürlich mit Aufstiegsmöglichkeiten! Schaun S', Sie ham ja Freunde in der Fraktion – Gott schütze Sie vor Ihren Freunden!
Mei, wie lang hat der Helmut Kohl warten müssen! Und wer hat's ihm alles net zutraut! Aber jetzt gönnt's ihm ja wirklich jeder. Na ja, sagn ma: Fast jeder. Er ist ja auch ein selten sympathischer Mensch. Und der könnt ja noch viel beliebter sein, wenn ihm nicht diese fixe Idee kommen wär, daß er ausgerechnet Bundeskanzler werden muß. Na, jetzt laß ma's ihm halt a Zeitlang spielen, weils ihm a solche Freud macht. Und – der hat ja bekanntlich auch Freunde!
Hier auf dem bayerischen Walhall herrscht jetzt Ruhe und Frieden im Wagner-Jubiläumsjahr. Das traditionell tröstliche Gnadenbier der mun-

teren Münchner Mönche stiftet Versöhnung unter den ruhelos rackernden Recken. Drum laßt Eure Wut verrauchen und netzt Eure Zungen, Ihr zügellos zankenden Zecher! Träufelt Balsam auf die verletzten Seelen!
Die Sieger sollen jetzt weise ihren Triumph dämpfen: Laßt's Euch nur die Lorbeerkränze nicht zu weit über die Augen hängen, sonst werds kurzsichtig! Und ihr geschlagenen Gewinner brauchts auch nicht gleich verzagen: Ihr könnts Euch doch jetzt – die Wunden lecken lassen. Aber sonst nichts, Herr Rothemund!
Dem bayerischen SPD-Vorsitzenden – sind Sie's noch? Net, daß ich wieder was falsch mach – ja, dem hab ich vorigs Jahr bitter Unrecht getan. Ich hab doch glatt gmeint, den kennt niemand. Aber der Herr Rothemund hat mich dann bei der Landtagswahl aufgeklärt, daß des tatsächlich stimmt, was sein Pressereferent behauptet hat: nämlich, daß ihn 70 Prozent der bayerischen Bevölkerung kennen müssen. Weil – die anderen 30 Prozent habn ihn ja gewählt.
Aber jetzt müßt's doch mit den bayerischen Sozialdemokraten endlich wieder aufwärts gehen, wo es mit dem Franz Josef rheinwärts geht – nach Bonn. »Mein Herz«, hat der Ministerpräsident neulich gsagt – mir wärn bald die Tränen kommen – »mein Herz gehört der Landespolitik.« Des trifft sich gut, wenn er jetzt vielleicht Vizekanzler wird, weil dann kann er sein Herz noch a bisserl mehr schonen. Und in Bonn braucht er's eh nicht, da ist er als herzlos bekannt.
Nach Bonn nimmt er dafür den Verstand mit. Damit sind aber nicht Sie gemeint, Herr Dings. Na, der, wie heißt er denn gleich, der Dings? Mei, jetzt hab ich schon wieder einen neuen Herrn Dings, ich mein den Leiter der CSU-Landesgruppe. Leut, die nie was anstellen, kann ich mir einfach nicht merken!
Aber ich weiß schon, daß es schwer ist, Herr – Herr, war's nicht Waigel oder so ähnlich? Also ich weiß schon, daß es schwer ist, sich hinter dem Franz Josef Strauß zu profilieren: Wer nicht widerspricht, fällt net auf, und wer widerspricht, fliegt raus!
So was wie eine eigene Meinung hat sich zuletzt grad noch der Fritz Zimmermann erlaubt. Da stinkt er dem Strauß schon lang. Während nämlich der Ministerpräsident in Bayern Grundsteine verlegen, Ehrenjungfrauen enthüllen und Verdienstorden an Nonnenbrüste heften hat müssen, derweil hat der Zimmermann in Bonn richtige Politik gemacht.
Bei dem Wirbel, den die in Bonn seit über einem Jahr veranstaltet haben, braucht man sich ja nicht wundern, daß man von der bayerischen Landespolitik schon lang nichts mehr ghört hat. Obwohl ich letztes Jahr gsagt hab, sie sollen mehr anstellen! Aber jetzt, wo der Strauß in die große Weltpolitik zurückkehrt und in Bonn beim Tischerl-Rucken und Sessel-Wegziehen mitspielt, da steht die Landespolitik vorübergehend... auch wieder im Scheinwerferlicht.
Für die Bayerische Staatsregierung ist natürlich das Wagner-Jahr schwer darstellbar. Für die wär nämlich ein »Karl-Maria-von-Weber-Jubiläum« viel praktischer. Da könnt nämlich im »Freischütz« gleich das halbe Kabinett im Jägerchor singen. Und die Darstellung der Wildsau bei der »Wilden Jagd« in der Wolfsschlucht tät nämlich automatisch den jüngsten Staatssekretär treffen.

Da müßten S' Ihna halt a bisserl verstellen, Herr Stoiber!
Es ist ja überhaupt seltsam, wieviele Kabinettsmitglieder auf ihre alten Tag noch Jungjäger geworden sind. Nur aus treuer Gefolgschaft zum Ministerpräsidenten! Ja, ich weiß, Sie auch, Herr Kiesl. Sie sind der treueste und haben ihm zu Ehren auch schon so manchen Bock geschossen. Nur bei so vielen alten Jungjägern kommen die Jungschützen kaum mehr zum Schuß. Wie ich ghört hab, geht ja darum jetzt einer von den Straußbuben zur Bundeswehr als Schürzenjäger und der andere schlagt lieber die Wilderer-Laufbahn an der Tiroler Grenze ein.
Ja, wenns um die Titelrolle im Freischütz gang, da wär als Jäger Max schon einer in sehr guter Schußposition, wirklich ein fescher Oberlandler-Wildschütz, unser Finanzminister Max Streibl. Der war ja schon ein berühmter Birkhahnjäger, wie er noch für den Naturschutz zuständig war. Ja, so einem tät der Bayerische Jagdverband schon eher das Revier des Ministerpräsidenten zuteilen.
Der oberste Jagdherr Bayerns ist grad mit Fleiß kein Jäger. Sie, Herr Landwirtschaftsminister, sind ja so ein herzensguter Mensch! Sie täten höchstens in Notwehr auf einen Hasen schießen. Der Hans Eisenmann gäb auch einen recht prachtvollen und gutmütigen Landesvater ab. Bloß: Er hat halt nur einen Anstand, aber keinen Jagdschein.
Aber jetzt hab ich mich viel zu lang mit Personalfragen aufghalten. Da könnt ma ja denken, daß es in der Politik um Posten gang. Dabei gehts doch nur um Sachfragen. Und die zentrale Sachfrage sind ja seit Sonntag Sie, Herr Strauß. Lassen Sie sich vom scheinheiligen Flehen vereinzelter Untertanen bloß nicht davon abhalten, endlich auch in der Weltpolitik zur Sache zu kommen. Sie können ja soviel Freude damit anrichten: Das Kabinett in München freut sich, wenn Sie gehen. Das Kabinett Kohl in Bonn freut sich, wenn Sie kommen, vor allem der »Innenminister« Genscher, der »Postminister« Zimmermann und der »Wohnungsbauminister« Lambsdorff.
Andererseits: So schön ist der Posten des Außenministers auch wieder nicht. Da wird man so leicht durch Arbeit von der Politik abgehalten. Machen S' doch lieber Vizekanzler ohne Ressort – das wär ein Clou. Als so eine Art Kabinetts-Libero wären Sie eine ständig freie Anspielstation und praktisch immer am Ball: hier ein bisserl forechecking, da einen stoppen, hier die Flügel einsetzen, dort Vorlagen annehmen, mal einen mit Steilpaß in die Gasse schicken, mal aus der Deckung heraus selbst in den Angriff übergehen. Gelegentlich läßt sich auch ein Eigentor nicht vermeiden.
Aber so ein Beckenbauer der deutschen Politik hätt einen schönen Spielraum – wie der Mr. Vizepräsident in Amerika. Da könnten Sie den Helmut Kohl so stark entlasten, daß der fast nimmer merkt, wie er regiert. Aber gelegentlich müßten S' ihn schon amal nach Washington oder Moskau mitnehmen. Und dann wärs net amal gelogn, wenns ihn dort vorstelln: »Der junge Mann hier ist mein Kanzler!«

PROST
SALVATOR
1984
Bussi!

*Verehrte Festgäste, liebe Salvatorfreunde!*

Die heutige Salvator-Probe möcht ich zu was ganz Seltsamen benutzen – jetzt schaun S' doch net glei so geschreckt, Herr Everding, es bleibt scho beim Freibier! Weil – deswegn san S' ja dabliebn in München. Nein, des seltsam Paradoxe is, daß ich Ihnen ausgerechnet beim Starkbier – reinen Wein einschenken möcht.
Ich hab nämlich heuer eigentlich vorghabt, daß i nimmer mag... Herr Kiesl, bleiben S' doch ruhig sitzen! Lassen S' Eaner net von dem Sozi-Gerücht irritieren, daß Sie bloß noch bis zum 1. April Oberbürgermeister wärn! Sie sind's noch lang. De Amtszeit dauert bis zum 1. Mai.
Drum wetzen S' net so aufgeregt rum auf Ihre... vier Dings! Es hoaßt zwar für christliche Politiker in der Bibel so ungefähr: »Wenn dich einer auf die rechte Backe haut, so halte ihm die linke hin.« Aber da sind ja die vorderen Backen gemeint.
Und auf den andern müßts aa gut aufpassen, auf den Ganzandern, den Kronawitter Schorsche mitm Robin-Hood-Effekt. Und wenn der Schorsch sagt »Halt's mi zruck!«, dann halt's ihn fei aa zruck – net bloß vom Erich, aa vom Josef! Vom Schörghuber Josef. Net, daß ma noch mit lauter Brauchtumspflege da herobn am Salvator-Keller de schönste altbayerische Messerstecherei zammkriagn! Nur weil der Holledauer und der Rottaler im Kampf um München de »Stichwahl« leicht wörtlich auffassen. Ihr habt's genug gestichelt – heit bin ich dran!
Aber ich möcht gar keinen Großkopferten mehr naufschiaßen heut. Was sollst denn schon noch sagen? Jedes Jahr sitzen so ziemlich de gleichen Gwappelten da – und alle sind so unbandig tüchtig, keiner stellt was an. Man braucht doch bloß dieses bayerische Kabinett anschaun, dann vergeht's einem doch schon – das Derblecken. Einer harmloser wie der ander: Ob Eisen- oder Jaumann, ob Hiller- oder Hans Maier, ob Lang, Dick oder Doof – aa schad, grad der is heit net da!

Kurzum, wie sie auch alle heißen mögen, ob Schmidhuber oder Gschaftlhuber, – halt, naa, der hoaßt Stoiber – also alle unsere tüchtigen Landesminister mit ihren wohlerzogenen artigen Staatssekretären – samt der hochverehrten Alibi-Frau mit dem damenhaften Kultur-Touch, Frau Berghofer-Weichner. Na, jedenfalls im großen und ganzen san des doch alles reine Musterknaben, ob sie nun pirkeln oder streibeln. Dagegen san die Tölzer Sängerknaben doch de reinste Eishockey-Nationalmannschaft!
Der oanzige, der angenehm herausragt, weil er was bewegt auf dem Arbeitsmarkt – naa, i moan net Sie, Herr Jaumann, auch wenn Ihre Zahlen viel besser sind als die vom Lambsdorff – ich mein den Herrn Arbeitsminister Pirkl. Weil der ist ein echtes Vorbild für seine Kollegen: der macht wenigstens amal sein eigenen Arbeitsplatz frei – und geht ins Europaparlament in Austrag.
Ja, sollst jetzt da no oan derblecka? Es is ja doch jedes Jahr wieder der gleiche beleidigt! Ja, sowas langweilt einen. Ich hätt's heuer wirklich nimmer gmacht, aber ich wollt halt den Herrn Rothemund net enttäuschen, meinen alten Salvator-Freund. Wissen S', was Sie mich heuer können? Richtig. Ich mein, richtig gernhaben werden Sie mich können, weil ich von Ihnen heuer nur das Beste sag. Dann hamm Sie's! Aber dann

dürfen S' mir net wieder beleidigt sein – nur weil Sie's net glaubn könna.
Des gilt natürlich für alle anderen auch, gell! Man muß nicht immer die Leut frozzeln und naufschiaßen. Nein, man kann sie doch mal alle loben und auch das Positive herausstreichen.
Schaun S', der schon zu Lebzeiten immer gottselige Kardinal Ratzinger, der jetzt scho bald drei Jahr in der Ewigen Stadt is, der hat als Münchner Erzbischof ständig darüber geklagt, daß die Münchner Zeitungen viel zu wenig die »Sensation des Guten« bringen. Aber ich bring's heut – frei nach Kardinal Ratzinger! Eigentlich schad, daß der koan Nachfolger mehr kriagt hat, gell! Ja, weil immer, wenn i im Ordinariat nachfrag, ob's scho an neuen Erzbischof ham, verdrahn de bloß die Augen zum Himmel und reden tief bekümmert – vom Wetter.
Des habn's jetzt wieder mit der CSU-Landesleitung gemeinsam. Also, wenn da wirklich scho a neuer Erzbischof da sein sollte – was sagn Sie, Herr Prälat – scho seit zwoa Jahr? Ja, dann habt's den im Ordinariat noch besser kalt gstellt wia de CSU den Hans Maier bei der Kandidatur zum Bundespräsidenten. Aber kalt stelln tut man ja nur einen Guten, damit er frisch bleibt.

Und der Katholikentag heuer in München, der werd für unsern Kultusminister ein triumphales Heimspiel – mit einem Zulauf wie beim Abschiedsspiel vom Rummenigge. Bloß, den Maier kauft uns ja koaner ab, weil der is ja unbezahlbar – als Präsident der deutschen Katholiken. Wenn der sämtliche hunderttausend Schulstunden, de heuer ausgfallen sind, im Juni beim Katholikentag nachsitzen läßt – und alle arbeitslosen Lehrer als Ordner einsetzt – ein Riesen-Auflauf!
Ja, der Mann hat einfach Ideen und es fallt ihm immer wieder was ein – was von der Misere an seinen Schulen ablenkt.
Aber auch bei unsere Bundespolitiker wüßt ich net, was man da kritisieren sollt? Was kann man denn einem Hans-Jochen Vogel scho nachsagn? Der macht vielleicht Fehler, aber er hat keine. I moan, des halt ich zum Beispiel schon für a bisserl an Fehler, daß Sie als Fraktionsvorsitzender dauernd Rücktritte von Bundesministern fordern. Sie, des is fei a riskantes Spiel, des Sie da treibn! Weil es könnt amal bläd ausgeh: bei dera Regierung könnt ja leicht amal a Besserer nachkommen.
Und auf einen anderen Fehler möcht ich Sie auch noch aufmerksam machen, wenn ich darf – in aller Freundschaft und nur zum Besten Ihrer Partei. Sagn S' amal, warum wetterts Ihr in Eurer Fraktion im Bundestag dauernd gegen die Apartheid-Politik in Südafrika? Sie sollten sie doch im Gegenteil geradezu fordern! Im eigenen Interesse – zumindest, daß die Apartheid auch in Bayern eingeführt werd. Des is doch die einzige Chance für die bayerische SPD, auch amal an die Macht zu kommen – wenn die Schwarzen nimmer wählen dürfen.
Also, Herr Vogel, es ist nicht gut, wenn Sie immer Fehler *machen*. Es wär besser, wenn S' a paar *hätten*. Schaut's ihn doch an: Er raucht net, er frißt net, er sauft net, er lacht – ganz selten. Er hat keine Weiber net und is auch sonst kein sexuelles Sicherheitsrisiko. Der redt ja net amal bläd daher! Ja, wia soll denn so ein braver Mann jemals die Mehrheit in diesem unserem Lande kriegen?

Weil die Mehrheit der Bevölkerung, de raucht, frißt und sauft ja, de treibt Unzucht und redt aa no gern bläd daher!
Grad des aber is des Erfolgsgeheimnis vom Helmut Kohl. Der *macht* überhaupt koane Fehler – Sie könna ihn fragn, er hat's neulich erst wieder bestätigt. Aber er *hat* Fehler und damit entspricht er dem Durchschnitt der Bevölkerung: Bekanntlich trinkt er sehr gern Wein und vertragt aa was, sonst wär er kein Pfälzer. Und soviel ich seh, frißt er auch net schlecht. Vor allem schleckt er recht gern. Drum bringt ihm die CSU zu den Friedensverhandlungen auch immer a paar Schachteln Pralinen mit. Damit er mehr politisches Gewicht kriegen soll! Hofft die CSU.
Ja, aber des san net alle seine Fehler. Weiber soll er aa ham, zwoa oder drei – soweit's i woaß. Der Militärische Abschirmdienst woaß bestimmt no mehr. Und der Kohl hat ja a Mordsfreid damit - mit seine Fehler. Drum lacht er, wo er geht und steht. Aber er hat dem Vogel noch einen volkstümlichen Fehler voraus: Er kann guat und gern bläd daherreden!
Ja, Sie, des derf ma scho sagn, des is keine von den Majestätsbeleidigungen, die er in letzter Zeit so mißbilligt. Weil für's bläd Daherreden hat er ja an Orden kriagt, den Karl-Valentin-Orden. Und er is ein würdiger Träger – aa wenn's der Valentin absichtlich gmacht hat. Daß de Humorverwalter von der Narhalla so lang braucht habn mit der Begründung – des is ja net daran glegn, daß sie keine komischen Sprüche vom Kohl gfunden habn, sondern weil de Auswahl so groß war.
Ja, Ihre Sprüche san natürlich noch stärker, Herr -äh- Ministerpräsident. Und Sie machen erst recht keine Fehler, sondern haben noch viel mehr als der Kohl – denn Sie haben ja dafür immer den Stoiber, den Tandler oder den Wiesheu als Sündenböcke im Stall. Die werden zwar oft geschoren, aber nie so richtig geschlachtet. Gell, ich hab Sie durchschaut, Herr – äh – Präsident der Airbus-Gesellschaft.
Natürlich kenn ich Sie, Herr Präsident des Bundesrates! Weil Sie san mir ja längst bekannt aus de Zeichnungen vom Dieter Hanitzsch und vom Ernst Maria Lang und dem Horst Haitzinger und de andern Karikaturisten, die mit Ihnen Geld verdienen. Ist Ihnen eigentlich klar, daß Sie von denen praktisch aus dem Nichts heraus politisch aufgebaut worden sind, Herr Vorsitzender des auswärtigen Ausschusses im Bundesrat? Übrigens, is des mehra wia Außenminister?
Na? Net, gell? Reichts's net? Na ja, der is ja sowieso meistens in der ganzen Weltgschicht unterwegs, daß ihn koa Teifi mehr derpfeifen kann.
Aber wie gsagt, Herr Dings, – äh – Herr Dr. h. c., Sie san mir gut bekannt, ja und net bloß von vorn, sondern aa dem Namen nach. Aber i trau mir den Namen net nennen, weil i Angst hab, daß Ihr Frau dann von mir Prozente verlangt. Und ich hab auch an großen Respekt vor Ihrer Frau, net nur Sie, Herr Strauß!
Gell, es is ja no gar net geklärt, gnädige Frau, ob Sie nur für seine Figur und sein Gsicht a Geld verlangen oder vielleicht auch für die akustische Abnützung vom Namen. Man weiß ja noch nicht, was an ihm alles geschützt is. Weil eigentlich ghört er natürlich als Ganzes gschützt, der Herr Ministerpräsident. Zu entscheiden is nur, ob vom Patentamt oder vom Landesamt für

Denkmalpflege oder vom Naturschutz. Aber vor allem muß er vor dem Unrecht geschützt werden, das ihm diese provinziellen Kleingeister und politischen Wadlbeißer ständig antun.
Nehmen wir bloß amal den raffinierten Schachzug mit dem Milliardenkredit für die ehemals sogenannte und jetzt so geschätzte DDR. Mir is scho klar, daß Sie, Herr Außenminister – äh – Außenausschuß-Vorsitzender, net in de Niederungen der Stammtischpolitik heruntersteigen wollen. Aber wir sollten doch diesen Provinzlern amal die wahren Hintergründe erklären – so streng vertraulich, versteht sich, wie wenn ma in Kreuth wärn.
Der Milliardenkredit is ja net vom Staat, sondern von der Bayerischen Landesbank und der Hypo und so weiter. Also, jetzt passens S' auf: Jeder woaß, wenn er a Grundstück hat und a Haus baun will, dann muaß er bei der Bank a Hypothek aufnehmen. Und wenns dann net langt, no a zweite Hypothek und a Grundschuld – und des werd alles im Grundbuchamt eintragn. Und je mehr Kredite er kriagt, desto eher kann er de Zinsen nimmer zahln – und bis er schaugt, ghört des ganze Sach der Bank. Ja, und glauben Sie, daß des bei der DDR anders is? Den Milliardenkrediten folgen weitere und des ganze nennt man den unblutigen bayerischen Weg – zur Wiedervereinigung übers Grundbuchamt!
Ja, und des alles hat unser Ministerpräsident in aufopfernder Ein-Mann-Demokratie selbstlos eingefädelt – auch auf die Gefahr hin, daß der künftige Ministerpräsident von Thüringen, Sachsen und Preußen am End Ludwig Huber heißt.
Sie brauchen sich nix denken, Herr Vize – äh – Herr Außenminister Genscher, daß Sie des net begriffen haben. Weil die Herren Honecker und Handlos hams ja aa bis heut no net durchschaut. Und nur weil ihnen dieser Durchblick bei den ostpolitischen Grundstücksspekulationen fehlt, haben die Herren Handlos und Voigt eine neue Partei gegründet – die Republikaner! Aber des oanzige, was die damit erreichen werden, is, daß sich die CSU-ler jetzt alle als Demokraten vorkommen.
Aber wenn Eaner no a paar abhaun, Herr Waigel, aus der CSU-Landesgruppe in Bonn, dann werd ma Eaner schon amal's Gehalt kürzen müssen. In Ihrer Rolle hätten Sie als christlicher Politiker doch wie der gute Hirte gerade den verlorenen Schafen nachgehen sollen! Aber es is scho net leicht. Wia soll ma aa mitten in einer schwarzen Herde no die schwarzen Schafe rausfinden?
Aber sonst hat er sich ja inzwischen ganz guat gmacht, der Theo Waigel. Vor allem in seiner Starrolle – als Echo vom Königssee. Ja. Immer, wenn von München her oaner an Schroa tuat – meistens der Stoiber, wenn er wieder in a politisches Fangeisen neitreten is –, dann kommt am nächsten Tag aus Bonn das Echo vom Theo Waigel zurück ins Alpenland.
Aber es klingt glei viel milder. De schrillsten Töne und de schärfsten Konsonanten fallen durch – und beim Echo hört man dann nur noch das Wesentliche. Wenn zum Beispiel der Gerold Tandler als CSU-Generalsekretär scharf nach Bonn tönt: »Strauß muß ins Kabinett, muß ins Kabinett, muß ins Kabinett!« Dann kommt vom Theo Waigel aus Bonn das Echo butterweich zurück: »Muß er net, muß er net, muß er net!«
Ja, da ghört fei schon was dazua, de harten Rück-

handschläge von dieser Mehrzweckwaffe der CSU weich abzufedern. Weil der Postwirt von Altötting spielt in der Politik net Tennis, sondern Squash. Und da woaß der oft gar nimmer, von wo seine Querschläger alle zruckgschossen komma. Er wundert sich nur, wenn er sich selber am Hinterkopf troffa hat. Zum Beispiel, wenn er Juristen mit Terroristen verwechselt – bloß weil er sich mit de Fremdwörter schwer tuat. Aber er freut sich halt, wenn sei Böller kracht und moant dann, des muaß a Treffer gwesn sei. Direkt's Gegenteil davon is ja der Herr Engelhard. Ich bewundere diese stille, aber harte und zu allem entschlossene Kämpfernatur. Daß Sie, Herr Justizminister, heut zu einem der letzten Bollwerke des Liberalismus in der Bundesregierung geworden sind – ja soweit hat's komma müassen! Aber des verdanken Sie doch nur einem: ihrem Kollegen Fritz Zimmermann.

Unser fälschungssicherer Innenminister, der bleifreie Friedrich, der ist ja schon ein Phänomen. Wennst bei dem aufn Achternbusch klopfst, sieht er sofort ein Gespenst und wenn man sich beim Demonstriern vermummt, dann sieht er rot, der Schwarze Sheriff von Bonn.

Dabei kämpft er ja nur für die Freiheit der Bürger. Aber er glaubt halt, daß sie bei ihm am sichersten aufghobn is. Drum möcht er die Freiheiten immer glei einsammeln und vom Staat bewachen lassen. Sie glauben nicht, wieviel des mißverstanden wird – und grad auch vom Herrn Engelhard.

Aber der Fritz Zimmermann macht ja Politik nach der Parole »Viel Feind, viel Ehr«! Also mich erinnern Sie stark an unsern Max Emanuel, den blauen Kurfürst. Net weil Sie aa immer so blau wärn, sondern weil Sie aa so auf de Türken losgehn wie der. Aber Sie, san S' mit dem Vorbild bloß vorsichtig! Weil der Max Emanuel, der hat de Türken net bloß hier, sondern bis in den Balkan verfolgt. Aber auch Ihnen, Herr Zimmermann, wird das Volk eines Tages noch zujubeln grad wie dem blauen Kurfürsten. – Wann, moanan S'? – Mei, des woaß doch i net. Wann gehn S' denn in Pension?

Bloß mit seine Umwelt-Aktionen irritiert er immer das klassische Feindbild von sich, der Herr Bundesinnenminister. Aber jetzt is er ja sowieso von Bayern rein umweltmäßig an die Wand geklatscht worden wie vom Sauren Regen. Weil hier ist doch der CSU und der SPD grad der große Durchbruch gelungen. Kein Donau-Durchbruch und auch kein Blinddarm-Durchbruch, sondern ein Umwelt-Durchbruch. Also, wenn ich die beschlossene Verfassungsänderung zum Umweltschutz richtig verstanden hab, dann ist das Waldsterben ja künfig verfassungswidrig – und so guat wia verboten? Gott sei Dank, dann brauchen jetzt die Minister Dick und Eisenmann nimmer rankeln, wer die Ursachen nennen darf und wer net.

Ja, diese kraftvolle bayerische Landespolitik, de is halt doch zum Baam ausreißen! Aber die jüngste überparteiliche Einigung verdanken wir eben auch dem mit Recht so beliebten, weitschauenden und – bei allem Humor – doch so ernsthaft tüchtigen Herrn Rothemund.

Jetzt grinst er wieder und glaubt mir's net! Geh, mir zwoa müassen doch jetzt zammhalten – gegen eam da, den Glotz! Daß der rote Peter net moant, er kannt Eaner den Posten vom bayerischen SPD-Vorsitzenden wegschnappen. Und

mir hätten no an Preißen mehr im Landtag! Aber wie ein Mann stehen sie ja hinter Ihnen, Ihre tapferen Getreuen von der zutiefst bayerischen SPD mit ihren klingenden bayerischen Namen: die Schmolkes und Warneckes, die Böddriche und Kolos.
Dabei haben's die doch so schwer im Landtag! Sie stehn ja ständig im Schatten unserer wundervollen Minister, die auf Schritt und Tritt Wohltaten unters Volk streuen. Ja wirklich, des dürfen S' mir glaubn. Wenn zum Beispiel der Gustl Lang net wär – die Oberpfalz hätt bis heute keine Straßen, keine Schulen, keine Turnhallen, keine Krankenhäuser, kein garnix. Wo der Mann nur des Geld dafür hernimmt? Es werdn doch net unsere Steuern sei?
Und diese Minister lassen natürlich auch an der Publicity-Front im Bayerischen Rundfunk keine Lücke, wie zum Beispiel der Innenminister. Sie, Herr Hillermeier, Sie haben das erfolgreichste Rezept gfunden bei der Werbung für Sicherheitsgurte. Sie geben ständig so unheimlich spannende Interviews im Radio – wo man nie sicher sein kann, ob Sie net nach fünf Minuten ganz überraschend doch noch was sagen. Ja, da schnallt ma ja net bloß ab, da schnallt man sich doch sofort freiwillig an – damit's einen net vom Sitz reißt!
Und wie soll sich im Schatten dieser großen Matadore noch eine Opposition profilieren? Noch dazu, wo die weißblauen Genossen auch noch dauernd diffamiert werden – als Rote! Derweil is des garnet wahr. Ich hab die angeblich so gefährlichen Leute hinter dem Herrn Rothemund seit der letzten Salvator-Probe genau beobachtet und muß sie heute in Schutz nehmen: Die sind nicht rot – die sind völlig farblos!
Aber deswegen brauchen Sie die SPD-Abgeordneten auch nicht dauernd an der Entfaltung ihrer Persönlichkeiten zu hindern, Herr Heubl! Ja, des muaß i scho sagn, auch wenn Sie mir jetzt als echter Sechziger lieber sind wie mancher falsche Fuchziger. Und auch sonst sind Sie ja als aufrechter Förderalist nur zu bewundern – von a paar Heubl hin oder her redn ma net.
Aber des geht dann doch net, daß Sie die Opposition im Landtag am Singen hindern. Noch dazu, wenn die SPD amal freiwillig aus dem Kultusminister seine herzigen Schul-Liederbücher was vorsingen will. So was derf ma doch net unterdrücken, des bleibt dene ja sonst im Hals stecken! Und was des für Kröpf gibt! Wahrscheinlich haben Sie des verwechselt, Herr Landtagspräsident. Nur für parlamentarische Untersuchungsausschüsse gilt als oberstes Gebot: »Daß mir keiner singt!«
Des gelingt natürlich aa net immer. In Bonn zum Beispiel gibt's derzeit zwei brisante Untersuchungsausschüsse: Der eine wird ja zu Ehren vom Herrn General Kießling veranstaltet, der andere mehr gegen den speziellen Wunsch vom Graf Lambsdorff. Aus der Affäre Kießling-Wörner müßt ma ja ein Drama schreiben. Aber man weiß bloß nicht recht, ob sich der Autor an Ludwig Thomas »Moral« orientieren soll oder eher an Nestroys: »Einen Jux will er sich machen«. Den Ausschuß über die Flick-Spenden dagegen könnt ma gut nach Art vom Ganghofer beschreiben lassen – als »Das Schweigen im Walde«. De halten doch alle so dicht, daß ma glauben könnt: Der Flick is a Konzern für Fensterkitt.

SALVATOR
GRAD SCHEE WAR'S WIEDA ....

Mich wundert ja bloß, daß der Lambsdorff als Wirtschaftsminister solche gigantischen Steuervergünstigungen für den Flick so durchsetzen hat können, daß der SPD-Finanzminister und der Bundeskanzler Schmidt direkt beinah garnix gmerkt habn. Und daß die nix dagegen macha ham könna. Der muß ja a ganz schöne Macht ghabt ham, der Graf. Aber jetzt is des wichtigste, daß er weiter so tapfer durchhalt – der Engelhard werds dann schon richten. Weil, wenn der Lambsdorff als Fels in der Brandung kippt, dann schwoabt's de Regierung weg. Der Wörner, der Geißler und der Schwarz-Schilling – de ruadern ja sowieso bloß noch mit oan Fuaß. Und jedsmal, wenn wieder amal a bißl a scharfer Wind aus München blast, dann werd in der Bonner Koalition de Parole ausgebn: »Die Hosen voll, die Reihen fest geschlossen!«

In dem anderen Untersuchungsausschuß, da werd ja mehr gesungen. Ja, manchmal zwitschert's direkt im Blätterwald – wenn die Schmutzspechte vom MAD ihre kläglichen Maden vorlegen. Und dazwischen wiehert der Amtsschimmel. Seit i jetzt amal erfahrn hab, was unser Militärischer Abschirmdienst alles verstolpert und auf was unser Verteidigungsminister alles reinfällt – seitdem woaß i aa, was a Sicherheitsrisiko is.

Aber obwohl Sie nicht gehalten haben, was der Militärische Abschirmdienst von Ihnen versprochen hat, haben Sie trotzdem etwas Einmaliges zustande gebracht, Herr Kießling, beziehungsweise Herr Doppelgänger – i woaß aa net, welcher von Ihnen heut da is. Noch nie hat die deutsche Presse so einmütig gekämpft – und ausgerechnet für einen General. Ein schöner Erfolg! Aber nachdem Sie Eaner jetzt von dera Hiehle-Biehle-Wörner-Band noch so schön kreuzweis und spiralenförmig den Zapfenstreich spielen ham lassen, jetzt gehn S' in Pension! Und wenn's schlau san, machen S' a eigenes Lokal auf: Weil vier Sterne ham S' scho von Haus aus.

Ja, es könnt alles so gut ausgeh und alles wär so harmonisch heut – wenn mir de zwoa Sakramenter da net noch de Stichwahl einbrockt hätten. Derweil hats doch schon im Dreißigjährigen Krieg – damit moan i jetzt net den in der Münchner SPD – in am alten Landsknechtslied so schön ghoaßen: »Es können nit zwei Hahnen auf einem Miste sein!« Womit i natürlich nix übers Münchner Rathaus gsagt ham möcht. Weil dort is ja wirklich schwer zum Regiern. Wenn de doch net amal de einfachen Häuferl vor de Stadtratskandidaten zammzähln könna!

Aber hätts Ihr zwoa jetzt bei dera schöna Pension net einfach beide verzichten könna? Und an Brunner Manfred aa amal hinlassen? Wo er's Euch doch so nett erklärt hat, daß Ihr's beide net könnts! Und mit einem Rückhalt von drei Prozent der Bevölkerung wär ja ein Machtrausch net zu befürchten gwesen. Ausgerechnet jetzt hat die FDP a solche aufs Dach kriagt, wo sie amal ehrlich war. Ja, des muaß ma scho anerkennen: Mit ihrem klaren Eintreten für die Münchner Trambahn hat sie sich amal eindeutig bekannt – als die klassische Partei der Trittbrettfahrer!

Aber de Leut ham ja bloß deshalb den Kronawitter und den Kiesl gwählt – sagt der Brunner jetzt – weil de Leut de Bürgermeisterwahl nicht als Persönlichkeitswahl verstanden habn. Sie san scho a rechter Schmeichler, mei Liaber! Aber trösten S' Eaner, Herr Brunner, Sie san ja

„NA – ENDLICH WIEDA – GOTT SEI DANK…"

no so jung und jetzt ham Sie 6 Jahr Zeit – des gibt 12 Semester aufm Genscher seiner Elite-Universität – und dann werds scho zum Wiesenbürgermeister reicha!
In der Zwischenzeit könnt ich mir ja als Wiesenbürgermeister sehr gut den Grünen vorstellen, den Herrn Welsch. Weil da kann er sich amal praktisch bewähren. Und dann werdn ma ja sehgn, ob unter seiner Amtszeit auf der Wiesen wieder a Gras wachst. Um den Herrn Dr. Zehetmeier brauch ma uns ja koane Sorgen machen, der muaß net unbedingt Bürgermeister werdn – der hat ja was glernt.
Ja, des mit dera Stichwahl am Sonntag in München, des war mir anfangs scho sauzwider. Zerst wollt ich halt bloß oan von de zwoa Kandidaten a tröstliche Nachred halten. Jetzt verabschied ich Euch doch sicherheitshalber alle beide, und zwar mit einem Sternderl – so einem wie auf Eure Formulare. Des hoaßt dann für de Zuhörer: Nichtzutreffendes bitte am Sonntagabend streichen! Also:
Auf Wiedersehen, Herr Kronawitter! Sie Glücklicher! Nach einem so schönen Achtungserfolg am 18. März ist nun doch der Kelch der sauren Rathausarbeit an Ihnen vorübergegangen. Sie können sich nun wieder auf Ihre geliebte Basis zurückziehen und sich ganz der Basis widmen. Bloß eines: I find »Basis« so a unschönes Wort für so a schöne Frau wie die Ihre. Is' net wahr?
Ja, und wenn S' also jetzt an der Basis weiterarbeiten, dann machen Sie sich beruflich keine Sorgen. Natürlich, beim Arbeitsamt wird's schwierig, weil de sagen vielleicht – wie Ihre Partei vor 6 Jahren – Sie wärn nicht mehr vermittelbar. Aber Kopf hoch: Zerst tät ichs amal bei der Marine probieren. Als U-Boot-Kommandant. Weil so lang wia Sie habn de Münchner Linken noch keinen auf Tauchstation halten könna.
Und in einer Firma, lieber Schorsch, steht immer eine Tür für Sie offen: beim Josef Schörghuber! Nein, nicht nur nach auswärts! Der Herr Schörghuber hat Ihre Fähigkeiten schätzen gelernt – drum werden Sie ja bei Ihm auch bestimmt nie Grundstücksreferent. Weil da müßt ma scho besser rechnen könna. Aber Sie sind doch für ihn der ideale Public-Relations-Manager. So oft wie Sie, Herr Kronawitter, hat den Schörghuber noch keiner in die Zeitung bracht.
Und jetzt – zur Auswahl:
Pfüat Eahner Gott, lieber Herr Kiesl! Sie tragisches Opfer des Frühlingswetters! Nur weil die Münchner Schwarzen immer disziplinlos ins Grüne streben und weil die Roten und Grünen alle net Skifahren könna – nur durch diese unglückliche Verkettung von Wetterkatastrophen haben Sie Ärmster die Wahl verloren.
Aber Sie müssen jetzt auch das Positive daran sehen, Sie haben ja auch wieder Glück gehabt. Denken Sie nur an diese aufreizenden Plakate, auf denen Sie mit so schlechten Komparsen so hinreißend »Müüüüüüüüünchen« zu uns Wählern sagen wollten – wo aber die meisten bloß »Buuussi, Buuussi« verstanden habn. Schaun S', und trotzdem tragt Ihnen die Bussi-Kampagne keiner nach. Aber stelln S' Eahner amal vor, Sie wärn a General gwesen – Buuussi! – da tät Eahner der Militärische Abschirmdienst heut noch als Sicherheitsrisiko verfolgen.
Und beruflich könnens S' doch auch völlig unbesorgt sein – Sie als »Mann der Tat«. In Pfarrkir-

chen geht zwar nix mehr zamm, weil die kämpfen dort selber bis aufs Messer in einer Stichwahl. Aber in Berlin werd doch allerweil wieder a Bürgermeisterposten frei! Und de frein sich immer, wenn oaner aus München kommt. Sie habn zwar gsagt, Sie möchten net als Frührenter spazieren gehn und aufm Bankerl sitzen. Na ja, aber vielleicht auf ana kloana Sparkasse. Sowas hat de CSU oft amal fürn politischen Austrag zum vergebn.
Vorwürfe, Herr Kiesl, brauchen Sie sich keine machen – und schon gar keine gfalln lassen. Auch nicht den vom Herrn Ministerpräsidenten: Die Münchner CSU hätt zuviel in den Sekt- und Hummer-Etagen verkehrt und zu wenig in den Leberkäs-Schwemmen. Im Interesse der Brauerei muaß i sagn: Grundsätzlich hat er zwar recht, aber des hätt er viel früher sagen müssen. Dann hätt nämlich der Gerd Käfer noch rechtzeitig eine todschicke Leberkäs-Schwemm' für die Herren CSU-Stadträte einrichten können.
Übrigens, Herr Kiesl und Herr Kronawitter, noch ein Hinweis für Sie beide: Auch das Kabelfernsehen ist recht beliebt als Austragsstüberl. Des hat vor allem den Vorteil, daß man einen engeren Kontakt zum Publikum hat. Der Herr Mühlfenzl zum Beispiel braucht keine Meinungsforscher zum Ermitteln der Einschaltquoten. Der kann leicht alle Kabel-Fernseher am nächsten Tag selber anrufen, wia's denen gfalln hat.
Also, jetzt kann ich Euch nur wünschen, daß koan von Euch mit seine Wähler am Montag aa so geht.
Jeder hat ja noch eine echte Chance und jeder hat einen großen Auftrag zu erfüllen. Wenn Sie wieder Oberbürgermeister werdn, Herr Kronawitter, dann muß es Ihre erste Aufgabe sein, daß Sie alle Münchner Linken endlich 's Skifahren lerna lassen. Sonst sitzen de ja in sechs Jahr wieder dahoam rum und wähln Eahner aus lauter Langeweile.
Und Sie, Herr Kiesl, wenn Sie Oberbürgermeister bleiben, dann machen S' bittschön nie wieder an Wahlkampf! Wenn Sie nämlich aa Skiurlaub gmacht hättn, statt dauernd zum Kadi z' renna, dann wärn S' jetzt vielleicht scho wieder gwählt.
Was mich betrifft, i hab mi ja mit dera Stichwahl abgfunden und glaub auch da an Kardinal Ratzingers »Sensation des Guten«. Vor allem seit i zufällig von zwoa Münchner Wirt einen sicheren Tip fürn Sonntag aufgschnappt hab:
»Reg di net auf«, sagt der oane, »am Sonntag gwinnt der Unser.« »Ja aber, welcher is denn der Unser?« fragt der andere.
Moant der erste: »Ja eben – der wo gwinnt!«

# PROST SALVATOR 1985

*Hochverehrte, im Zeichen des Salvators versammelte Festgäste!*

Wenn ich so in diese vertraute Runde blicke... des is doch furchtbar: Es sitzen jed's Jahr de gleichen da! Des soll jetzt kein Vorwurf gegen Sie sein, Herr Genscher, weil Sie als ehemaliger Vorsitzender einer ziemlich ehemaligen Partei einfach herkommen, wie jedes Jahr. Aber halt, Sie sind ja noch Außenminister! Immer noch!

Ja, das ist was anderes. Weil schließlich unterhalten wir vom Freistaat Bayern aus sehr gute Beziehungen zur deutschen Bundesregierung – teilweise. Auch wenn diese Beziehungen nicht immer diplomatisch sind – angeblich. Des liegt halt an der Vorliebe unseres Ministerpräsidenten für offene Aussprache, für ehrliche Herzlichkeit. Aber nicht alle Freunde mögens gern so grob. Dagegen sind die Beziehungen zwischen den Herren Strauß und Vogel schon sehr viel diplomatischer. Aber dafür nicht so gut. Und schon gar keine echte Männerfreundschaft.

Des is ja auch kein Wunder, Herr Vogel, wenn Sie sich dauernd in die Oppositionspolitik einmischen – gegen die Bundesregierung. Ich mein, ich versteh ja, was Sie mit dem Franz Josef Strauß verbindet: natürlich der Wunsch nach einer besseren Regierung in Bonn. Weil des wünsch ma uns ja alle. Aber was sollen denn immer Ihre Versuche, eine vornehme Opposition zu betreiben?

Des wissen wir doch noch aus Ihrer Münchner OB-Zeit, daß Sie Opposition nicht ausstehen könna. Drum hat man manchmal den Eindruck, daß Sie sich als Oppositionsführer selber net mögn. Vor allem fehlt Ihnen die Freude an dieser Regierung. Freuen Sie sich doch mehr – und wenn's nur a Schadenfreude wär.

Herr Vogel, bei einer so dickfelligen Bundesregierung klopfen Sie denen viel zu zaghaft ans Schienbein. Drum sagen die immer nur: »Ja bitte, wer da?«, aber keiner tritt zurück. Der Herr Strauß dagegen liebt diese Regierung – drum züchtigt er sie fast täglich. Und meistens haut er's gleich auf die Birne. Prost!

Ich wollt eigentlich nur »Prost« sagen und Ihnen mitteilen, daß wir heuer leider keine Festrede halten können. Erstens ist es uns in den letzten Jahren immer so ausgelegt wordn, als ob wir da nur d'Leut derblecken täten. Aber was kann denn i dafür, wenns Ihr da am Nockherberg vor lauter Freibier immer glei *lachts* – wenns aa net immer *glei* lachts. Wenn ma zum Beispiel bloß sagt: An dem Wohnungsbauminister Schneider ist ein Hillermeier verloren gegangen – dann hab ich doch um Gotteswillen den Minister Hillermeier nicht derbleckt!

Und zweitens kann ich keine Festrede halten, weil es heuer wirklich kein Thema gibt. Nein, es ist absolut unmöglich, noch über irgendwas in der deutschen Politik zu reden. Noch dazu im Scherz! Einfach, weils keiner mehr hören kann. Nehmen S' nur diese vielen abgeschmackten Witze über unseren Bundeskanzler Helmut Kohl. Die hat man doch alle schon amal als Ostfriesen-Witz ghört. Derweil is der Kohl ja gar kein Ostfriese. Außerdem soll er im Sommer sowieso noch befördert werden – vom einfachen Pfälzer zum – nein, nicht zum Oberpfälzer –, sondern gleich zum Oberschlesier!

Und dann immer wieder dieselben Scherze, daß er dauernd grinst. Wo man doch weiß, daß es

ihm Ernst is – mit dem Lachen. Sonst tät er sich doch den Wörner net halten – als personifizierten Militär-Schwank!
Oder nehmen S' bitte diese ausgeleierten Vorwürfe, unser Bundeskanzler hätte keine Führungskraft. Dabei hat der sogar eine sehr entscheidungsfreudige Führungskraft, von der er jederzeit Gebrauch machen könnte – auf Abruf! Er braucht nur rufen: »Franz Josef!«
Aber des ewige Thema, ob der Strauß nach Bonn geht oder net, des juckt doch aa scho koan mehr. Net amal an Strauß. Der sagt sich inzwischen: De solln doch herkomma, aus Bonn, wenns was wolln! Und wenn der Kohl noch a paar Jahr regiert, werd bei Kabarettisten und Satirikern die Selbstmordrate rapid ansteigen. Weil der spuits alle an die Wand.
Und was gäb's sonst für Themen? Von de Raketen will auch kein Mensch was hören und über die Wende konn koaner mehr lacha. Redst vom Frieden, san alle dafür, redst vom Waldsterben, san alle dagegen. Zerst haben wenigstens bloß alle übers Waldsterben gredt, ohne daß was gschehgn is. Aber jetzt singans auch scho übers Waldsterben. Da müssen de Baam ja no schneller nadeln. Nein, i halt heuer keine Festrede.
Wie soll einem was Neues einfallen, wenn ma immer wieder de alten Gesichter vor sich hat. Herr Kronawitter, damit mein ich jetzt nicht Sie. Jetzt san S' noch so jung, aber schon so lang des selbe G'sicht! So harmlos schaut er drein. Und derweil hat er's faustdick hinter den Ohren! So raffiniert, wie der im Stadtrat immer wieder eine Mehrheit gegen vier Parteien zammbringt!
Nein, ich wollt eigentlich sagen: Wenn ich auf diese vertraute Runde blicke – Grüß Gott, Frau Staatssekretär! – aber mit der »vertrauten Runden« hab ich doch de andern gmoant. Ich wollt sagn, es sind allerweil de gleichen da – weil ja kaum amal einer sein Posten freimacht für an Besseren. Was meinen S', Monsignore? Natürlich, der Kardinal Ratzinger hat schon sein Posten hier freigmacht. Aber i hab ja gsagt: für einen Besseren! Übrigens, is des wahr, daß der Papst für Kardinalsernennungen jetzt auch schon den Numerus clausus eingeführt hat?
Aber reden wir jetzt nicht vom Wetter, reden wir jetzt über die Anwesenden – weil die Abwesenden könn ma ja hernach noch in aller Ruhe ausrichten. Zum Beispiel den Landtagspräsidenten Heubl. Wer fehlt den sonst noch heut? Wo ist denn s' Absentenheft? Also unentschuldigt fehlen die Herren Reagan, Tschernenkow, Mitterrand und Frau Thatcher. Aber de könnten sowieso keinen Salvator vertragen, geschweige denn an Widerspruch. Aber a bißl a Gegenred' ghört in Bayern scho zur Politik – und wenn's nur einmal im Jahr is, beim Salvator. Na ja, ich wollt eigentlich heuer net, aber jetzt hab ich schon soviel gsagt, na red i halt weiter.
Also, wer fehlt noch? Entschuldigt fehlen Helmut Kohl und Martin Bangemann – vielleicht waren die auch garnet eingeladen, weils eh schon so eng is da herin. Ferner fehlt der Graf Lambsdorff. Aber der hätt sicher nur an Stehplatz angenommen, weil der wird immer so nervös, wenn er a Einladung zum Sitzen kriagt. Dann fehlen die bayerischen Staatsminister Lang August und Schmidhuber Peter, weiters der 3. Bürgermeister von München, Hahnzog Klaus, und der Postwirt von Altötting, Tandler Gerold, der CSU-Generalsekretär.

Was schaun S' mi jetzt scho wieder so vorwurfsvoll an, Herr Rothemund? Ich hab doch nur gsagt, daß die fehlen – und kein Wort, daß die mir abgehen! Den Unterschied müssen S' doch kennen! Wenn zum Beispiel der Rudi Schöfberger fehlen tät – ja würd Ihnen der vielleicht abgehn? Und fragn S' den Herrn Kronawitter, ob ihm sei roter Stellvertreter abgeht? Da tät er ja noch viel eher den schwarzen Vize vermissen, den Gaudi-Bürgermeister Winfried Zehetmeier. Aber den Verwalter der Münchner Lust, den hat bisher noch niemand vermissen müssen, weil er ja immer dabei ist, wenn wo gfeiert werd.

Gottseidank, daß wenigstens der Gauweiler da ist. Gebts fei dem keinen Salvator! Nur a Radlermaß! Damit er sich dran gwöhnt und nimmer Radler als Bier mitzähln läßt. Der haust ja in der Münchner Gastronomie wie der Zorro, der schwarze Rächer. Also, a guats Jahr is des heuer net gwesn für die Münchner Wirte. Beim Donisl hats K.o.-Tropfen neigregnt, dem Pächter vom Augustinerkeller hat der Blitz neigeschlagn – und der Napoleon Süßmeier hat auf der Wiesn sein Waterloo erlebt. Aber des is schon a schönes Gfühl, wenn ma sieht, wia alle Wirte-Kollegen immer geschlossen hinter einem stehen – jedenfalls wenn von vorn gschossen werd.

Des is doch bei Ihnen net anders mit der Solidarität, Herr Rothemund – oder? Gell, wenn Sie die Genossen alle hinter sich hätten, die wir in der bayerischen SPD noch vor uns haben, des wär a Rückhalt! Aber traun tun Sie sich schon was! Wie Sie neilich unsern Ministerpräsidenten einen »zahnlosen Löwen« g'hoaßen habn – Sie, des konn Eahner fei teier zum Steh kommen. Wenn des zu am Beleidigungsprozess kommt – der werd sehr teuer! Net weil der Herr Strauß beleidigt waar – aber denken S' doch mal an den Ruf von seim Zahnarzt!

Wia i Eaner da ghört hab, heuer am Aschermittwoch, Herr Rothemund, da is mir sofort de nette Gschicht eingfalln von dera Maus, die nachm dritten Schnaps sagt: »So, jetzt geh i naus, und schmier dem Kater a paar!« I woaß zwar net, wiavui Schnäpse Sie scho ghabt habn, aber eines weiß ich, was Sie mit dem Herrn Strauß gemeinsam haben, Herr Rothemund – und das ist die Ungeduld Eurer Nachfolger.

Glauben Sie's mir, der Herr Hafermann gäb viel drum, wenn ich ihn auch als neuen »Herrn Dings« bekanntmachen tät. Aber ich tu nichts für den Herrn – naa, Hiersemann hoaßt er, sonst is mir ja der Manfred Schmidt wieder beleidigt. Und wenn d'Leut schon einen net kenna, dann doch lieber den Schmidt. Vor dem Peter Glotz hab ich Sie ja letztes Jahr scho gwarnt: Der SPD-Geschäftsführer in Bonn sucht nur einen krisensicheren Job als bayerischer Oppositionsführer. De san doch alle nur hinter Eahnerm Posten her, Herr Rothemund, weils da gwiß wissen, daß sie nie regiern braucha.

Trotzdem: Hätten S' Eahner in Vilshofen nicht a bisserl eleganter ausdrücken könna? So ähnlich wie der Herr Strauß in Passau. Wenn S' zum Beispiel gsagt hätten: Franz Josef Strauß ist die Rache von Alois Hundhammer an seiner Partei! Sowas paßt immer, weil des konn ma variieren. Der Helmut Kohl ist dann die Rache vom Konrad Adenauer an seiner Partei. Und der Martin Bangemann ist die Rache vom Dietrich Genscher an seiner Partei. Was gäb's denn noch? – Na

ja, vielleicht fallt Eaner no was ein, Herr Vogel? Ah ja, was hab i da neilich aus Passau ghört: die Rache vom Helmut Schmidt an der SPD.
Schwieriger werds bei den Grünen. Weil de san noch gar koa richtige Rache, de san nur eine Geißel. Aber inzwischen geißeln sie sich selber. Weil die Grünen haben ja das politische Perpetuum mobile erfunden: Die Rotation ohne Fremdenergie. Immer wenn einer den Kopf aus dem grünen Durchschnitt raushebt und mit dem Profil zu weit nach vorn kommt, kriegt er einen Tritt in den Hintern von seinem Nachrücker. Er kann sich aber dann wieder einreihen und als Nachrücker warten, bis er den Hintern vom Vordermann vor den Fuß kriagt. Das nennen die das Rotationsprinzip. Inzwischen gibt's aber schon Rotations-Verweigerer. Die tragen jetzt das Anstecktaferl: »Arschtritt? Nein danke!«
In Wirklichkeit is die Rotation eine Spezialität vom bayerischen Kultusminister. Der Hans Maier rotiert doch ständig und überall. Und was der alles dreht und wendet – vor allem sich selber! Zum Beispiel wenns um die Rechtsaufsicht für die neuen Medien geht. Aber da habn Sie völlig recht, Herr Maier, daß Sie sich wehren. Weil schon der Gedanke ist doch eine Zumutung, daß Ihr Ministerium für irgendwas kompetent sein soll!
Des wäre doch genauso absurd, wie die Annahme, daß die neuen Medien was mit Kultur zu tun hätten, Herr Maier. Sie sind der einzige, der sich strikt an meinen konstanten Rat hält: »Überlassen Sie doch alles dem Herrn Strauß!« Der hat genug kompetente Leute in der Staatskanzlei für alle Aufgaben, die nix mit Kultur zu tun haben. Und lassen Sie sich nicht irritieren, auch wenn Ihnen der Herr Böddrich ein glänzendes Armutszeugnis ausstellt: Nur durch Ihre kulturpolitische Demut und Bescheidenheit werden Sie dereinst eingehen – ins Haus der bayerischen Geschichte.
Ja, neue Medien gibt's genug. Aber was gibt's denn schon an neuen Themen? Die sind doch alle im Nu so kaputt, daß keiner mehr was davon hören will. Oder hätten Sie vielleicht erwartet, daß ich we-ge Flick noch was sag? Also, so was Abgedroschenes! Und mir is ja kein Honorar zahlt wordn. We-ge wem soll ich dann darüber reden? Noch dazu jetzt, wo der Herr Flick ja fest versprochen hat, daß er an CDU, CSU und FDP weiterspendet. Jetzt woaß ma halt bloß net, ob er die Regierung für hilfsbedürftig hält oder für gemeinnützig.
Aber darüber soll sich doch der Herr Vogel aufregen! Der hat ja sowieso schon so ungefähr gesagt, daß die SPD auf jeden Fall solche Gelder zurückweisen würde, von denen sie sicher sein kann, daß sie die sowieso nicht kriegt. Und wenn noch was zu sagen wär in Sachen Flick, dann müßt ich ja doch bloß diese schamlosen falschen Darstellungen zurechtrücken. Schaun S', was is denn in Wirklichkeit passiert? Die CDU/CSU hat diesem Flick doch Millionen an Spenden weggenommen – ohne Gegenleistungen! Wia der Räuber Kneißl selig hams ihn ausgnomma. Ja, des war doch ein vernichtender Schlag gegen den Kapitalismus!
Mei Liaber, da wenn der Flick de SPD net ghabt hätt! Die hat zwar nur wenig Geld kriagt und dafür habn der Schmidt und der Matthöfer de größten Steuervergünstigungen durchgeh lassen. Aber des war doch auch ein Gewinn – ich

WENN EINER GLAUBT IN FÜSSING WÄR
DIE BESTE KUR – SO IRRT SICH DER.
BEI UNS IN MÜNCHEN WIRD MAN BLOS
AM NOCKERBERG DAS KREUZWEH LOS...

mein jetzt: moralisch. Weil dadurch habn doch de Sozialdemokraten jetzt endlich ihren Ruf losbracht, sie wären nicht wirtschaftsfreundlich.
De einzige Partei, bei der das Preis-Leistungs-Verhältnis gstimmt hat, war die FDP. Weil de Liberalen habn ja an guaten Preis zahlt kriagt – und dafür habn sie sich aa allerhand gleist! In der Sozialpolitik hams an Ronald Reagan schon rechts überholt. Und wenn man hört, wie der kloa Brunner Manfred heut schon der Hildegard Hamm-Brücher nachmaulen derf – da hat sich die Investition vom Flick in die FDP scho glohnt.

Und an Wirtschaftsfreundlichkeit ist doch jetzt unser neuer Wirtschaftsminister, der Bangemann, nicht mehr zu überbieten. Weil wenn oaner so wenig von Wirtschaft versteht wia der, dann muaß er dene wenigstens a freindlichs Gsicht himacha. Der probt immer no de Wende vom Bangemann zum Strahlemann.
Aber der Bangemann soll doch lieber de Exporte für de deutsche Wirtschaft ankurbeln! Daß net de ganzen Vertreterreisen immer unser Ministerpräsident macha muaß. Der Franz Josef Strauß muaß da hinfahrn und den Airbus verkaufa. Der muaß dort hifahrn wegen dem Leopard. Und demnächst fliagt er scho wieder nach Ägypten... I woaß garnet, was er da wieder verkauft? Ja, sagen S' amal, is der Herr Strauß jetzt vielleicht auch noch im Aufsichtsrat von Pyramidon?
Das Ärgerliche dabei is ja nur, daß der Herr Strauß vor lauter Exportförderung zu keiner Außenpolitik mehr kommt. Und de konn ma doch net einfach dem Herrn Genscher überlassen! Wie ich schon zu Herrn Vogel gsagt hab, »überlassen Sie die Oppositionsrolle dem Herrn Strauß!«, so appellier' ich auch immer wieder an Sie, Herr Genscher: »Überlassen Sie doch die Außenpolitik dem Herrn Strauß!«
Ich mein, das gilt für alle andern auch, aber besonders für Herrn Genscher. Denken S' doch nur an die Ostpolitik: Wer da vor 15 Jahr noch alles mitgredt hat! Brandt, Scheel, Bahr – von denen hörst heute fast nichts mehr. Die einzigen, die in der Ostpolitik noch durchhalten, sind der Genscher und der Gromyko, der Honecker und der Strauß – praktisch ein Vierer-Schafkopf. Aber ich sag Ihnen eins: Den längsten Atem in der Ostpolitik hat nun mal der Herr Strauß – weil der hat ja aa 10 Jahr später damit angfangt.
Jetzt bin i wieder abkomma. I wollt eigentlich nur erklärn, warum de Flick-Affäre direkt eine Sternstunde der Demokratie gwesn is – oder besser gsagt – eine Spiegel-Stunde. Dieser Flick-Untersuchungsausschuß ist doch direkt zu einem moralischen Katalysator der deutschen Politik geworden! Warum san Sie jetzt aa so zammzuckt, Herr Zimmermann? Ach so, weil S' Katalysator ghört ham! Des versteh ich, wenn ma damit in ganz Europa hausieren gehn muß. Wo des doch des nächste Thema is, des koana mehr hörn konn! Hätt's doch des Trumm halt Auto-Verhüterli gnennt, hättens alle verstanden. Aber dieses Katalysator-Rätselspiel, des der Zimmermann da eingeführt hat, is schon eine Mischung aus am Politkrimi, am Kasperltheater und einer Bürokraten-Rallye. Dafür hätt er an Fernsehpreis verdient, der fälschungssichere Innenminister. Des is zwar ein Spitzenprogramm – aber mit unabsehbaren Folgen! Und leider nur eine Zimmermann-Vision und keine Eurovision.

Aber daß Sie sich nach dem schwarz-grünen Chaos mit dem Katalysator noch unter d'Leut traun, Herr Zimmermann – Respekt! – und des ohne Vermummung! Übrigens, des mit dera Vermummung, des überschätzen Sie maßlos, Herr Innenminister. Weil schaun S', wie oft möchte man zum Beispiel zu jemand sagen: »Nehmen Sie doch die Maske ab, Herr Engelhard!« Derweil is es dem sei Gsicht, der verzieht es nur nie! Mei, wenn ma den Justizminister zum Lacha bringa will, da braucht ma halt an Schraubenschlüssel! Aber der ist in Wirklichkeit genau so wenig vermummt wie die grüne Damenriege im Bundestag. De schaun nur so aus.

Aber in einem haben Sie schon recht, Herr Zimmermann, man muß von Zeit zu Zeit den Mut aufbringen, sein wahres Gesicht zu zeigen: Nicht nur Demonstranten, sondern auch Politiker. Selbst wenn man dafür die Hosen runterlassen muß – wie der Herr Hupka. Bei den Sudetendeutschen wollt sich ja de Tag auch einer so profilieren. Aber zum Glück hat der Minister Neubauer gleich d' Spülung zogn.

Also, des Motto für das Schlesiertreffen, des find i sehr guat. Net des alte – »Schlesien bleibt unser« – sondern: »Die Schlesier bleiben unser!« Ja, des gang scho – da könna de andern nix sagn, weil a bißl a Kriegsbeute steht uns scho aa zua.

Aber wenn ich so an das ganze Gerede um das Schlesiertreffen denk, und an des, was uns noch bevorsteht – 40 Jahre Kriegsende! – da muß i sagn: Es is eigentlich scho schad, daß ma den Katalysator nur in der Chemie verwendet. Weil den brauchert ma doch für den Schadstoff-Ausstoß in der Politik viel dringender! Oder schaun S' doch den Fußballpräsidenten Neuberger o! Wenn ma dem an Katalysator eibaun kannt – als Schmarrn-Filter.

Es ist überhaupt bedauerlich, daß diese modernen technischen Anlagen nur so einseitig verwendbar san. Schaun S', niemand hätt doch was gegen eine Wiederaufbereitungsanlage, wenns net ausgerechnet nur Uran-Brennstäbe wärn!

Um den Alfred Dick mach i mir halt Sorgen, um unsern Umweltminister. Dem sei niederbayerischer Energiestab is zwar no net ausbrennt – und er ist auch no net abbrennt. Aber wenn er gmeint hat, daß eam de Opposition im Landtag seine wissenschaftlichen Untersuchungen in Sachen Atom glaubt, dann hat er sich brennt. Herr Dick, verweisen Sie doch auf das neue österreichische Modell mit einem völlig ungefährlichen Kernkraftwerk: Aber die verheizen halt auch nur noch Zwetschken- und Marillenkerne!

Man müßt doch an Kompromiß finden könna, Herr Dick. Wiederaufbereitung ja – Uran nein. Schaun S', was gäb doch der Verteidigungsminister Wörner drum, wenn er seine Offiziere wieder aufbereiten lassen könnt! Weil de san ja erst Mitte vierzig und habn kaum größere Beschädigungen – außer einem Stau, – wia nennt er den? – Beförderungsstau, richtig. Mei, früher hat ma des halt Karriere-Blähungen gnennt. Ja, und diesen gestauten Generalsnachwuchs braucht ma halt jetzt net für teueres Geld in Pension schicken – wenn ma sie runderneuern kannten. Daß sie eben wieder knackig und geländegängig werden. Aber genauso dringend brauchert ma die Wiederaufbereitung von unsere Politiker! Im bayerischen Kabinett habn wir doch des Problem, daß der hoffnungsvollste Nachwuchs jetzt die Pensionsgrenze erreicht.

Wenn mir zum Beispiel den Anton Jaumann hinschicka kannten! Daß er auch wieder knackiger werat. Seit zwanzig Jahr redet der wackere Schwabe jetzt scho in de bayerische Wirtschaft nei. Und alles hört auf ihn. Dabei versteht des Genuschel schon seit zehn Jahr kein Mensch mehr. Und kein Minister hat jemals so lang und so teier an seim Denkmal baut, wie der Jaumann. Net amal de bayerischen Könige habens glei zu am Denkmal bracht, des ma vollaufen lassen kann – wie dem Jaumann seinen Rhein-Main-Donau-Kanal!
Ewig schad, daß ma auch den Hans Eisenmann net wieder aufbereiten kann! Was war der Landwirtschaftsminister amal für a Bursch! Aber seit ihn der Strauß auf den Kiechle ghetzt hat – wie an Cockerspaniel gegen an Eber – seit diesem Kampf der Giganten braucht auch der Eisenmann dringend a Wiederaufbereitung.
Und wie gut tät die erst dem Erich Kiesl! Der is aa nimmer des, was er amal war. Derweil is der doch ein Wunsch-Kandidat für die Strauß-Nachfolge gwesen. Ich mein, net grad der Wunschkandidat vom Strauß. Auch net von der CSU. Aber doch ein Wunsch-Kandidat von der SPD!
Leider hat er stark nachlassen, der Erich. Seine Sprechblasen san viel kleiner wordn und milder. Um Fettnäpfchen, in de er früher mit zwoa Füaß gleichzeitig neigsprunga waar, da macht der heit an Bogen rum. Er bräucht eben a Wiederaufbereitung!
Aber leider geht des halt mit dera Anlage in Schwandorf net. Jetzt kann ma nur hoffen, daß des wenigstens net zum Verschleiß weiterer Minister führt. Der Gustl Lang könnt des ja seine Oberpfälzer wenigstens noch nach dem bayerischen Wolpertinger-Prinzip beibringa: Auch wenn wir gar keine Wiederaufbereitungsanlage braucha – de Hauptsach is, daß mirs de Breissen weggschnappt habn!
Der oanzige, der sich schon seit Jahren d'Finger nirgends mehr verbrennt, is der Finanzminister. Aber wie gsagt, meine Herren Diadochen, auf den Streibl Max müaßts aufpassen, der halt sich so auffallend zruck! Der macht keinen Fehler und bekleckert sich mit nix – net amal mit Ruhm. Aber irgendwas werd ma ihm doch nachweisen könna! Guat, in seinem Hofbräuhaus hat er sich a bißl anpritschelt bei am Wasserrohrbruch. Aber so lang eam des net bei de Staatsausgaben passiert, bleibt er gefährlich.
Natürlich net halb so gefährlich wie der Edi – der Stoiber. Der Staatssekretär Stoiber kommt mir manchmal so vor, wie ein Geisterfahrer in der Politik, der sich ununterbrochen drüber aufregt, daß de andern alle auf der falschen Spur fahrn.
Was is Eahner eigentlich da wieder eingfalln, Herr Stoiber, daß Sie gegen de wunderbare Einblendung »Originalton Süd« protestiern! Ein Protest ist ja angebracht, aber in der andern Richtung! Sie müssen doch fordern, daß der Untertitel net bloß beim Wasmeier verwendet wird, sondern immer, wenn a Bayer redt, a Franke oder a Schwab!
Wir haben einen Anspruch auf Originalton, verstanden! Notfalls mit deutschen Untertiteln. Aber wenn halt oaner vui schiaßt, geht aa öfters ein Schuß nach hinten los. Doch wenn S' auch noch mehr solche Fehler machen – keine Angst! Für Ihre Zukunft wird gesorgt: Sie könnten doch Intendant vom Deutschen Theater werden – weil de suachan ja sowieso grad an neuen Plapperer.

Einen braucht das nicht zu bekümmern, den Herrn Ministerpräsidenten. De Hauptsach is, daß er mit dem Bau von der neuen Staatskanzlei net nachgibt! Es gibt einfach keinen schöneren Platz als wia den Hofgarten für so a Straußoleum! Es san zwar inzwischen alle dagegen, de was davon verstenga. Aber vom Sachverstand derf sich a Politiker net beirren lassen!
Und außerdem steht er ja nicht allein. Der alte Vorwurf vom Republikaner Handlos mit der Ein-Mann-Demokratie ist in diesem Zusammenhang eine schamlose Verleumdung. Weil es sind schließlich drei dafür – und zwar de drei Kritischen in der Bayerischen Staatskanzlei. Des is der Strauß, der Keßler und der Stoiber. Und das sind schließlich die stärksten Trümpfe. Weil, wer was vom bayerischen Watten versteht, der weiß, daß der Max, der Belle und der Spitz das Spiel entscheiden.
Wia guat, daß dem Ministerialdirektor Rainer Keßler seine Dienstzeit über das Pensionsalter hinaus verlängert wordn ist! Weil was der zerst vierzig Jahr net gschafft hat, des is eam jetzt gelungen: daß er endlich amal unangenehm auffällt. Wenn wir mehr solche Volltreffer hätten wie Sie – die wenigstens in der Verlängerung noch ein Eigentor zammbringa – dann gäb's von Haus aus keine Probleme mit einer Salvator-Festrede.
Bloß oans versteh i net, bei dera Staatskanzlei: Warum bei so großen historischen Werken der abendländischen Baukunst ausgerechnet der Franz Josef Strauß auf halbem Weg stehnbleibt. »Nicht kleckern, klotzen!« heißt doch die Maxime der Münchner Baukunst von Neuperlach über Großhadern bis zum Gasteig. Ja, dann langts doch glei gscheit hi! Bauts halt den Hofgarten ganz zua, damit a Ruah is!
Und der Hofgarten kann ja dann neu erstehen – schöner und höher denn je – als Dachgarten auf der Staatskanzlei! Ja, warum net? Der König Ludwig hat auf seiner Residenz aa an Dachgarten oglegt, bevor er... Sie wissen schon. Und er werds garnet glauben könna, der Herr Ministerpräsident, wie sich die Münchner frein, wenns dann endlich amal eanerm Landesvater aufs Dach steign derfa!

PROST SALVATOR 1986
Trifft's, haut's alles zamm!
Trifft's nicht, ist die moralische Wirkung ungeheuer!
Agentinnen Katalysator Sicherheitsgesetze
Salvator
Hanitzsch '86

*Hochverehrte Salvator-Gemeinde!*

Liebe ... naa, des geht mir jetzt schon zu weit.
Liebe ... also, des wär direkt eine Übertreibung.
Oder können Sie mir sagen, Herr Vöth, welche der anwesenden Parteien ich in einem Jahr mit Doppel-Wahlkampf noch mit »liebe« anreden darf, ohne daß wir beide bei der Übertragung den größten Ärger mit dem Rundfunkrat kriegen?
Eben. Also: Liebe ist heuer für Politiker gestrichen. Und ich red auch heut beim Salvator kein Wort über Politik. Da brauchen Sie jetzt gar net so traurig schaun, Herr Zimmermann. Weil des, was Sie machen, hat sowieso nix mehr mit Politik zu tun. Computer-Verbund zwischen der heimlichen und der unheimlichen Polizei is ja schon die Fortsetzung der Politik mit anderen Mitteln.
Und des oanzige, was drin hänga bleibt in Ihrem Schleppnetz, werden S' sehn, des is höchstens der Herr Spranger, der Kommunistenjäger im Deutschen Bundestag. Und was ham S' dann schon? Ein kleiner Fisch, wenn auch giftig! Und der bleibt Ihnen dann, so gern S' ihn los hätten.
Aber soviel Lieblosigkeit, Herr Vogel, mit der Sie und Ihre SPD-Fraktion immer auf die beiden einhauen, das haben sich der Zimmermann und der Spranger auch wieder nicht verdient. Nur weil sie diese Sicherheitsgesetze jetzt gegen Gerechte und Ungerechte ausgedehnt haben. Das sind halt noch echte christliche Politiker, die nehmen die Bergpredigt ernst. Und wenns da heißt: »Selig, die Verfolgung leiden«, dann wolln sie halt auch mithelfen, daß die Bundesrepublik eine Insel der Seligen wird.
Oder glauben Sie vielleicht wirklich, Herr Innenminister, daß Sie da große Fische derwischen? Dann machen S' uns doch de Schleppnetz-Fahndung glei amal vor da herobn auf'm Nockherberg! Halt! Keiner verläßt den Saal! Huber Ludwig, Streibl Max und die übrige Mega-Petrol-Bande – dageblieben! Und de von der Neuen Heimat solln sofort ihre falschen Nasen wieder runtertun!
Übrigens, der Herr Bundeskanzler laßt sich auch entschuldigen – er sitzt noch. Ich weiß jetzt bloß nimmer genau, ob er in Bonn noch was aussitzt oder schon in Mainz was absitzt ... Da möchte ich mich jetzt net festlegn, was mir der Herr Dregger da vorhin gsagt hat, weil sonst sagt hernach der Heiner Geißler wieder, ich hätt auch an Blackout ghabt.
Naa, aus der Politik halt ich mich heut lieber raus. Ich red nur a bisserl was über sprachliche Eigenheiten in Bayern und über das Salvator-Brauchtum. Und da kann ich Euch alle beruhigen, die Herren von Raiffeisen und auch die, wo nicht pleite sind – es gibt auch heuer wieder eine warme Mahlzeit und a Freibier, aber keine Politik.
Aber es ist trotzdem schön, daß sie wieder vorn auf de Rasierplätze alle angerichtet sind – unsere Großkopferten. Da brauchen S' jetzt net glei so gschreckt schaun, Herr Dregger, des is keine Kritik an Ihrem edlen Cäsaren-Haupt. So nennt man in Bayern die Mächtigen, und alle, die sich dafür halten. Da ghörn Sie selbstverständlich auch dazu, Herr Dregger, zu den Großkopferten, auch wenn Sie heute gar keinen Stahlhelm aufhaben.
Ich mein: Sie ghörn doch zu diesem ostpolitischen Freundeskreis, dem Honecker-Fan-Club, genannt »die Gruppe Stahlhelm«? Aber vielleicht tragt man den bei Euch in Bonn gar net auf'm Kopf, sondern bloß im Herzen. Macht aa nix. Die Freunde unseres Ministerpräsidenten müssen immer auch unsere Freunde sein. Die werden automatisch Großkopferte. Ich erklär's dem Herr Dregger nur, weil er neu is hier

auf dem Nockherberg. Sie, Herr Genscher, kennen die Bräuche schon. Natürlich, Sie sind ja ein Oldtimer! Ich mein jetzt mit Oldtimer net ein Auslaufmodell als Außenminister, sondern Sie sind ein alter Freund – wenn auch nicht vom Herrn Strauß, aber doch von der Salvator-Probe.
Sie bleiben für uns ein Großkopferter, auch wenn Sie schon längst entmachtet sind. Aber die Herren Strauß und Dregger billigen Ihnen, Herr Vizekanzler, ja die gleiche Macht zu wie dem Bundeskanzler – nämlich die Macht des Schicksals. Und die ereilt uns eben immer wieder, auch wenn man weiß: mit diesen Mächten ist kein ewiger Bund zu flechten.
Was heben Sie denn dauernd den Finger, Herr Hiersemann? Sie kommen schon dran. Aber bei de Großkopferten kann ich Sie doch net begrüßen. Dafür fehlt Ihnen ja die entscheidende Voraussetzung – nein, ich mein: die Macht. Schaun S', der Herr Stoiber möchte auch gern zu den Großkopferten gerechnet werden, obwohl er bloß Staatssekretär is. Drum hat er sich extra an Gipsverband anglegt – weil er irgendwo gelesen hat: »Verbunden sind die Schwachen mächtig«.
Die bayerische Sprache hat nun mal ihre eigenen Begriffe. Ein Egghead zum Beispiel – in Amerika hoch angesehen – gilt bei uns gar nix. Weil wenn man bei uns von einem Intellektuellen spricht – damit hab ich jetzt nicht Sie gemeint, Herr Minister Lang – also wenn man von einem Intellektuellen sagt, daß er ein Eierkopf ist, dann sagt der Bayer nur erschüttert: »Des aa no!« Drum kommen ja Sie dafür nicht in Frage, Herr Justizminister, weil die Eier, die Sie im Landtag legen, die kommen nicht aus Ihrem Kopf, sondern eher aus Ihrem Bauch. Und der Tandler solls dann ausbruatn!
Nein, es hat also nix mit Intelligenz zu tun, wenn in Bayern die Form und Größe des Kopfes als Maßstab für die politische Rolle genommen wird. Als Großkopferten hat man halt früher in der Agrargesellschaft recht plastisch diejenigen bezeichnet, die ganz vorn an der Futterkrippe gestanden sind.
Aber auch heute, Herr Schöfberger, in der modernen Ellenbogen-Gesellschaft, hat sich der Begriff gehalten. Sie sind zwar so sparsam, daß Sie bei keinem Wirt mehr ein Zimmer mieten wollen. Sie übernachten lieber in der Hängematte zwischen den Schränken der Parteibürokratie. Als freischwebendes Arbeiter-Denkmal, das noch nie was gearbeitet hat. Deswegen sind Sie als neuer Parteivorsitzender der SPD trotzdem ein Großkopferter. Denn Sie haben ja auch Macht. – Aber Sie sollten bloß Ihre scheinheilige Solidarität mit den Obdachlosen nicht mit der Macht des Proletariats verwechseln! Eahner Geiz is bloß die Macht der Gewohnheit.
Aber ich wollt ja nur dem Herrn Dregger erklären, was mir in Bayern alles unter »Großkopferte« verstehn. Es entspricht zum Beispiel nur dem altbayerischen Sprachgebrauch und ist auf keinen Fall eine Beleidigung, wenn bei uns die mächtige Mehrheitsfraktion im Landtag pauschal nach ihrem Vorsitzenden Tandler benannt wird – nämlich als »die Gschwollschädlerten von der CSU«.
Aber immerhin – Respekt, Herr Hiersemann! –, seit Sie der Spitzentänzer vom Oppositions-Ballett sind, hat auch die SPD-Fraktion wieder einen altbayerischen Namen, der von Ihnen abgeleitet wird: »die Querschädeln von der SPD«.
Sie glauben ja nicht, Herr Dings, wie die Ihnen heut schon nachtrauern, obwohl Sie noch gar net richtig aufghört habn. Aber den Namen Rothemund, den haben die jetzt in dankbarster Erinnerung. Von Ihnen und Ihrer vornehmen Art reden die nur noch das

Beste – die von der CSU-Fraktion. Weil, was dieser Hiersemann, dieser preußisch-fränkische Bud Spencer der bayerischen Landespolitik, was der da im Landtag ständig anzettelt, des is ja scho mehr als Revolution – des grenzt ja schon an Ausbruch von Demokratie!
Jetzt hätten mir so ein kreuzbraves Parlament in Bayern! Der Gerold Tandler, dieser säkularisierte Stiftspropst der Altöttinger Gastronomie, der hat sich doch solche Mühe geben! Der hat der Mehrheit im Landtag eine richtige fromme Haltung gegenüber der Regierung des gottgegebenen Landesvaters beibracht, nämlich: Ehrfurcht und Treue, Demut und Gehorsam. Also ungefähr so kritisch wie der Münchner Stadtrat unter Oberbürgermeister Vogel.
Und über allem waltet als Nachbar vom Münchner Friedensengel der Franz Heubl wie der Fürst-Abt von Andechs. Und der Landtagspräsident hätt im Maximilianeum so einen schönen Austrag, wenn net immer wieder dieser Hiersemann den Parlamentsfrieden stören tät – mit seinem unchristlichen Landtags-Striptease, dieser dreisten Ausziehnummer der SPD-Fraktion.
Bei diesen zerrütteten Verhältnissen zwischen den Gschwollschädeln und den Querschädeln im Landtag, da frag ich mich jetzt bloß, warum Sie da unbedingt auch noch dazwischen wollen, Herr Brunner? Mit Ihren Dickschädeln, dem trotzigen Häuflein ehemaliger Liberaler! Ich glaub, für Euch von der bayerischen FDP ist jeder Landtagswahlkampf bloß ein Abenteuerurlaub mit Überlebenstraining. Aber das Verhältnis der FDP zur CSU is scho net leicht aa, gell, Herr Engelhard. Vier Jahr nach der Muß-Hochzeit streiten s' in Bonn wie a altes Ehepaar, in Bayern gehn s' beide nebennaus, aber von Scheidung wollen s' nix wissen.
Aber des is schon eine Gemeinheit, gell Herr Engelhard, daß die DDR ihre Tip-Agentinnen in Bonner Top-Positionen net bei Ihnen angsetzt hat, sondern beim Bangemann. Jetzt müssen ja die Leut glauben, daß Sie keine wichtigen Geheimnisse wüßten. Als Justizminister bei dera Regierung! Aber wenn Sie halt a bisserl entgegenkommender wären zum Herrn Zimmermann, dann tät er vielleicht aus Ihrem Büro auch amal so eine Spio-Typistin auffliegen – oder besser gsagt – ausfliegen lassen, nct bloß beim Wirtschaftsminister.
Aber jetzt hat ja der Herr Bangemann beim politischen Aschermittwoch in Bayerbach mit Engelszungen verkündet, daß der bayerische Ministerpräsident auch ein Mensch ist. Des is zwar für die CSU immer noch eine herabsetzende Häresie, aber für die alten Liberalen ist dieses neue Glaubensbekenntnis zur späten Menschwerdung des Franz Josef Strauß schon das reinste Himmelfahrts-Dogma.
Aber ich laß mich doch von Ihren provozierenden Gesichtern nicht in die Politik hineinziehn, meine Herren. Auch wenn Sie meine Fastenpredigt zum Salvator gern als Parteispende mit heimnehmen dürfen. Steuerfrei.
Es ist ja die letzten Jahre wiederholt behauptet worden, ich tät da heroben aufm Nockherberg nur die Leut derblecken. Ich weiß gar net, warum da so viel Aufhebens gmacht wird. Unsere Politiker derblecken die Wähler schon seit 40 Jahr – und trotzdem wird deswegn nirgends Freibier ausgschenkt.
Also gut: ich erklärs jetzt heut einmal, was es mit dem Derblecken auf sich hat, weil ich sowieso nicht über Politik reden mag. Das Derblecken vorwiegend anwesender Leute ist nämlich gar nicht einfach. Und das hat überhaupts nichts mit Kabarett zu tun. Es stimmt auch nicht, daß das Derblecken in Bayern nur

die gröbere Variante der Schmeichelei wär. Weil – was kann denn ich dafür, wenn ich zum Herrn Stoiber sag, er könnt leicht im Freischütz die Wildsau spieln, und dann fühlt sich der als Opernstar geschmeichelt? Und wenn ich sagen würde, er ist der Boris Becker der bayerischen Staatsregierung, dann würde sich der Stoiber sofort für ein As halten. Derweil wollt ich ihm nur hinreiben, daß er immer schon zruckschlagt, bevor die andern hergschossen haben.
Früher hat halt der Wirt seine Gäste begrüßt und hat s' dabei a bisserl naufgschossen. Und wenn er besonders noble Gäste ghabt hat, dann hat er sich dafür an gelernten Schmuser – des war der Hochzeitslader vom Dorf – für de Arbeit engagiert. Der hat mehra erfahrn über d'Leut, und dann hat er eahner alles hingriebn. Damit ma siehgt, wieviel sie aushalten. Und wer viel eingsteckt hat, über den is gschmunzelt wordn, und wer schnell eingschnappt war, is ausglacht wordn. Nach dem Motto: »A Guater halt's aus, und um an Schlechten is' net schad«. Manchmal is allerdings auch ein Maßkruag gflogn.
Absichtlich beleidigt wird sowieso keiner – damals net und heit auch net, weil es sich ja um geladene Gäste handelt. Und des machts so schwierig. Weil: Beleidigungen wüßt ich a Menge. Gegen Sie auch, Herr Everding, aber ich schon' Sie ja wieder. Weil sonst hätt ma ja gar keine Kultur mehr in Bayern.
Aber nein, Leute beleidigen, auch wenn sie's verdient haben, das mach ich nicht! Ich tät doch zum Beispiel niemals den bayerischen Ministerpräsidenten mit der geschmacklosen Frage beleidigen, wann er in Pension geht. Weil erstens tät ich da unserem Salvator-Spiel mindestens das zehnjährige Jubiläum von dem Thema »Strauß-Nachfolge« versaun. Und zweitens weiß ich viel zu gut, daß der Franz Josef Strauß über das Alter längst hinaus ist, wo einer noch aufhört.
Sind jetzt eigentlich die Geburtstagsfeierlichkeiten schon aus, mit denen wir mitanand im Juli angfangt habn? Oder haben Sie's bloß wegen uns kurz unterbrochen, Herr Ministerpräsident? Schon aus? Dann darf ich das jetzt auch an die CSU bekanntgegeben: Also, Ovationen vorübergehend einstellen, den restlichen warmen Leberkäs aufbrauchen!
Übrigens, Herr Schöfberger, Ihre Enthüllung, daß die CSU angeblich den Leberkäs nicht erfunden hätt – die ist fei sehr gewagt! Erstens hat die CSU wirklich schon sehr vieles erfunden – grad über Euch! Fragn S' an Gustl Lang!
Und zweitens: Warum wär denn der sonst so rot? – Naa, net der Gustl, sondern der Leberkäs! Den muß doch einer erfunden haben wie Sie, Herr Strauß, der für sein Leben gern Sozi verwurschtelt!
Was hats denn eigentlich bei Ihnen zum Essen geben, Herr Vogel? Sie habn doch auch erst Ihrn Sechzigsten gefeiert. Nicht daß ich Sie wegen Ihrer mutmaßlichen Sparsamkeit derblecken möcht – a Packl Salzstangerl werden Sie schon ausgworfen haben in der Fraktion. Ich frag nur, weil Sie doch als so ausgstochn verschrien sind: Ja, Kabinetts-Wein kann er net ausstehn, da sind ihm die Trauben zu sauer. An Brandt-Teig – hab ich mir sagen lassen – mögen Sie auch nicht, Kohl ist Ihnen zu kraftlos, Kiechle zu geschmalzen, mit de Hamburger haben Sie's noch nie ghabt – ja, so ein hoakliger Sakramenter! Trüffeln sind ihm zu schwarz, der Spinat ist ihm zu grün – ja, was bleibt Eahner denn da noch zum Geburtstag? Höchstens des Linsengericht, um des Sie Ihr Erstgeburtsrecht an den Johannes Rau verkauft haben.
Mei, ein Kreuz ist des schon mit Ihnen! Wie soll man einen Mann noch derblecken, der so fehlerlos und untadelig ist, daß ma ihn scho gar nimmer für irdische Wähler vermitteln kann? Soll ich Sie vielleicht noch

dafür derblecken, weil Ihnen die eigene Partei schon soviel mitgespielt hat, daß der biblische Dulder Job gegen Sie ein Lebemann ist?

Des mit Ihnen und dem Rau, des könnt fast so tragisch werden wie mit dem Strauß und dem Kohl. Sie könnten Kanzler *sein,* könnens aber net *werden,* und der Rau kanns vielleicht eher *werden,* aber net leicht *sein.* Weil dem nämlich die Kanzlerschuhe – wie uns der Ministerpräsident in Passau erklärt hat – um soviel Nummern zu groß sind, daß er sich dreimal drin umdrehen kann. Und da verlaß ich mich auf das Urteil vom Franz Josef Strauß, weil der in dene Schuh auch schon amal Pirouetten dreht hat.

Des Problem ist, daß man gegen einen amtierenden Kanzler als Kandidat keine Chance hat, wenn man nicht auch den kleinsten gemeinsamen Nenner der Bevölkerung in sich vereinigt: Der Durchschnittswähler mag es halt nicht, wenn ein Kanzler gescheiter ist als er. Und er ist eben beruhigt, wenn er sagen kann: »Das ist ein Kanzler wie du und ich«. Und da ist ja der Kohl nicht zu schlagen.

Allerdings – den Kanzler-Dreisprung, den hat der Rau auch schon ganz gut raus: bei einem Sprung mit zwoa Füaß in drei Fettnäpfchen. Da kann er dem Kohl gefährlich werden. Und wenn der Rau noch ein paar so herrliche Fallrückzieher macht – ins eigene Tor –, dann hat er auch so viel Lacherfolg, daß er wählbar wird. Ich frag mich bloß, warum d' Leut nicht gleich an Otto nehmen? Aber mit dem habn s' halt kein Mitleid. Weil bei dem merken sie's, daß ers absichtlich macht.

Darum kann man einen Helmut Kohl auch nicht derblecken. Unmöglich. Der macht des selber viel besser. Und wie soll man eine Satire auf a Parodie machen? Schaun S', voriges Jahr, da habens einige versucht und haben ihn ständig mit Glykol aufgezogen. Also, ich bitt Sie! Erstens ist der Helmut Kohl gar kein Österreicher, auch wenn die Witze sehr ähnlich sind. Und zweitens ist er an diesem Skandal wirklich unschuldig. Weil des weiß heut schon ein jeder, daß die chemische Verbindung von Glück und Kohl bis jetzt noch nie gelungen ist.

Pech klebt halt besser. Aber schaun S' den roten Bundeskanzler von Österreich an! Der Fred Sinowatz kann noch soviel Pech haben, der wird nicht schwarz und sieht nicht schwarz.

Mei, der Kanzler Sinowatz wenn da wär, den könnt man gut derblecken. Den Burgenländer lassen Beleidigungen so kalt, als ob er sein Glykol noch nie mit Wein verschnitten hätt. Aber das größte Geschäft ist den Österreichern doch vermasselt worden. Die wollten ja angeblich die Pleiten der VOEST Alpine bei der Ölspekulation dadurch ausgleichen, daß sie den ganzen beschlagnahmten Glykol-Wein nach Sibirien verkauft hätten. Dem machen ja minus 40 Grad nix aus. Aber der Gorbatschow hat sein Veto eingelegt. Der hat nämlich Angst, wenn die Russen erfahren, daß man Frostschutzmittel auch saufen kann, dann ist kein Auto mehr sicher.

Des kann der schwarze Landeshauptmann von Salzburg wahrscheinlich alles bestätigen, gell, Herr Haslauer. Ich rätsel schon die ganze Zeit, warum Sie heut in München sind. Sie haben doch Ihre Landtagswahl voriges Jahr schon gewonnen. Also brauchen Sie diesmal weder Geld noch Ratschläge von der CSU. Ja, nicht einmal ein Empfehlungsschreiben für den Herrn Flick, weil der kennt Sie ja längst.

Aber vielleicht wolln Sie sich endlich amal a bißl revanchieren – und der CSU auch amal beim Landtagswahlkampf helfen? Fragt sich bloß wie?

Sie sollten doch als guter Nachbar die bayerischen Parteien amal aufklärn, wie man die elegante öster-

reichische Konfliktstrategie auf die Wiederaufbereitungsanlage von Wackersdorf anweden könnt.
Sie wissen ja Bescheid, Herr Haslauer, da Sie quasi der österreichische Kanzlerkandidat der CSU sind: in Wackersdorf gehts bei uns zu wie bei Euch vor einem Jahr in den Auwäldern von Hainburg. Nur mit dem Unterschied, daß die Polizei-Streitkräfte vom Minister Hillermeier nicht aufgeben, sondern einen Sieg nach dem andern erringen. Weil der marschiert ja mit seine Legionen dort im Taxöldener Forst auf wie der berühmte römische Feldherr Varus gegen die Cherusker im Teutoburger Wald. Der is allerdings sauber eingegangen – und net bloß in die Geschichte.

Aber jetzt könnten Sie doch den sturen Bayern amal erklärn, wie glänzend Ihr so ein umstrittenes Projekt wie Zwentendorf gelöst habt. In Österreich waren sich doch zuerst alle Parteien einig, daß das Atomkraftwerk gebaut werden muß – und der Bau hat ja auch viele Arbeitsplätze gebracht. Bei der Volksabstimmung warn s' dann gegeneinander, und anschließend waren sich wieder alle Parteien einig, daß Zwentendorf schon vor der Eröffnung stillgelegt wird. Zuletzt haben sie sich dann nimmer einigen können, wie sie es wieder aufsperren sollen, und jetzt wirds am Flohmarkt verkauft.
Das ist politische Flexibilität! Da können S' amal was lernen, Herr Hiersemann! Sie dürfen doch nicht jetzt schon dagegen sein, wos noch gar nicht fertig ist! Lassen S' doch die Preissen erst amal investiern, dann könn mas immer noch stillegn!
Wir könntens doch zum Beispiel sehr gut verkaufen als Alterssitz für gebrauchte Diktatoren. Zum Beispiel für den Baby Doc und fürn Marcos und de andern alle. Natürlich zur Stillegung von denen, nicht zur Wiederaufbereitung! Wir brauchen ja in Bayern keine Diktatoren, weil wir haben ja den Dings, net den – den demokratischen Freistaat!
Aber Wackersdorf als Neue Heimat für Diktatoren-Familien – des wär was! Die bringen an Haufen Geld mit in die Oberpfalz, die brauchen genau so viel Bewachung wie eine Atomfabrik und – die haben ja auch eine sehr starke Ausstrahlung.
Also, jedesmal, wenn ich einen von der SPD anschieß, zuckt einer von der CSU zamm. Zumindest der Theo Waigel, weil der merkts immer gleich. Und des macht diesen Koalitions-Schnellspanner ja auch sehr verdächtig – zumindest bei den Büchsenspannern vom CSU-Vorsitzenden.
Des Derblecken im Billard-Stil geht natürlich umgekehrt genau so. Man könnt zum Beispiel diese einfallslosen Koalitionsparteien amal so aufs Hühnerauge treten, daß immer die SPD »Au« schreit. Passen S' auf! Ich denk da zum Beispiel an das Verhältnis der Regierung zu den Gewerkschaften. Des ist nämlich noch viel zerrütteter als das innerhalb von Eurer Koalition. Da sitzen so raffinierte Taktiker wie die Herren Genscher, Strauß, Zimmermann und Dregger fast wie Freunde beim Salvator beinand – aber eine gemeinsame Strategie, um die Gewerkschaften der SPD auszuspannen, die fällt ihnen nicht ein.
Ihr müßts doch dafür sein und nicht dauernd dagegen! Warum erfüllts Ihr dem Herrn Vogel nicht endlich seinen Herzenswunsch und helfts der Neuen Heimat? Wirklich. Schaun S' mich nicht so überrascht an, Herr Strauß! Ich weiß schon, daß ihr euch sowieso vorgenommen habts: »Dene werdn mir schon helfen!«
Aber so hab ichs ja nicht gemeint. Ihr brauchst ihnen die Subventionen ja nicht direkt übern Tisch schieben. So ist es ja mit den Parteispenden auch nicht gemacht worden. Da gibts doch bekannte gemeinnützige Praktiken – nehmts doch zum Beispiel Wackersdorf

als Geldwaschanlage und vergebts den Bauauftrag an die Neue Heimat. Dann wär nämlich die schon fast saniert und die Opposition im Landtag hörert sich auf. Gell, da reißts es, die Genossen!
Und erst dieser unglückliche Streit um den Paragraphen 116! Völlig falsche Taktik. Ihr forderts immer, die Gewerkschaften sollen ihre Streiks nicht über die Bundesanstalt für Arbeitslosen-Verwaltung finanzieren. Ja, da brauchts doch kein neues Gesetz! Ihr müßts doch nur die Gewerkschafts-Funktionäre alle bei der Bundesanstalt verbeamten, dann rucken die keine Mark mehr raus!
Und auf keinen Fall dürfts ihr verlangen, daß der Gewerkschaftskonzern seine besten Firmen verkaufen soll. Nur um die Neue Heimat zu retten. Im Gegenteil! Ihr müßts schaun, daß die Gewerkschaften in jeder Branche an den Unternehmen finanziell beteiligt werden. Dann hört sich die Streikerei ganz von allein auf! Für was, glaubts ihr, daß die in der sozialistischen Staatswirtschaft Gewerkschaften haben?
Im Bundestags-Protokoll täts jetzt heißen: »Unruhe auf der linken Seite des Hauses«. Und mit Recht. Bloß eines versteh ich nicht, Herr Schöfberger, und das ist jetzt gar net gfrozzelt, sondern nur eine Frage: Was stört jetzt ausgerechnet Sie und den Manfred Schmidt, Euch zwei verbürgerlichten Ex-Revoluzzer, die neue Doppelstrategie der CSU? Seids doch froh, daß die von euch was gelernt haben! Sind wir nicht ein Jahrzehnt lang aufgefordert worden: Wählt SPD und helft dem Hans-Jochen Vogel gegen die Linken! Wählt FDP und helft dem Helmut Schmidt gegen die Linken!
Ja, und jetzt drehn die des Spiel halt um in dera Koalition. Die sagn uns jetzt: Wählt CSU und helft dem Kohl gegen die anmaßende FDP! Wählt FDP und helft dem Kohl gegen die machtgierige CSU. Wählt CDU – naa, die können wir in Bayern ja gar nicht wählen, und ich wüßt auch nicht warum. Höchstens als Schiedsrichter beim Dauermatch der beiden Kleinen. Ja wenn nur der Herr Geißler net immer selber in die Abseitsfalle laufen tät.
Und jetzt sollen die Bauern den Eisenmann wählen gegen den Kiechle und die Steuerzahler den Streibl gegen den Stoltenberg. An dem Beispiel könnte man jetzt des indirekte Derblecken erklärn: indem man dem einen schmeichelt, haut man dem andern eine runter.
Ich könnt jetzt den Hans Eisenmann loben, weil er eine recht vernünftige Agrarpolitik vertritt. Aber dann tät ich ja automatisch seinen Parteifreund derblecken, weil der als Bundesminister keinen Gebrauch davon macht. Oder ich könnt den Streibl Max loben, weil er so brav für eine große Steuerreform eintritt. Aber dann schieß ich ja damit den Stoltenberg nauf, weil der nur eine ganz kleine verwirklicht.
Aber auf keinen Fall derblecken kann man den Theo Waigel, weil ohne den tät die ganze Doppelstrategie der CSU ja nicht funktionieren. Der Chef der Landesgruppe in Bonn ist nämlich der Transformator der CSU, der immer den kritischen Wechselstrom aus Bayern umpolen muß auf einen angepaßten Gleichstrom in Bonn.
Stelln Sie sich amal vor, Herr Dregger, wenn die CSU im Bundestag immer so abstimmen tät, wie sie in Bayern auf die Bundesregierung schimpft, da hätten Sie ja keine Mehrheit mehr in der Koalition!
Da sind ja die Probleme in Ihrer Partei direkt harmlos, Herr Genscher. Weil Sie schweben ja praktisch schon über den Dingen – ich mein net bloß, weils jetzt noch mehrer in der Weltgschicht rumfliegen, seit Sie nimmer Parteivorsitzender sind. Sondern weil Sie einfach erhaben sind. Wenn der Herr Bangemann zum Beispiel behauptet, er wär »der geborene Außenmini-

ster«, dann muß sich ja der Herr Strauß derbleckt fühlen. Weil, der *geborene* Außenminister ist ja er. Sie sind ein *gelernter.* Aber nach zehn Jahr Lehrzeit ist des ja auch keine Kunst mehr. In *der* Zeit schaffen andere auch an ordentlichen Beruf.
Nur vom Bangemann täten wir halt noch gern wissen: Was ist denn der eigentlich für ein Wirtschaftsminister? – Ein geborener oder ein gelernter? Wahrscheinlich eher ein von der Konjunktur begnadeter. Weil – denen es gut geht, die brauchen ihn net, und denen es schlecht geht, hilft er nix. Reden wir net soviel über Abwesende, wo doch soviele dasitzen, die noch so gern derbleckt werden wollen. Des is nämlich des Schlimmste für einen Politiker, wenn er bei einer Wirtshaus-Frozzelei nicht angschossen wird. Da ist mancher noch mehr beleidigt, als wenn er gleich beleidigt wird. Weil da muß er sich ja über die Gründe fragen, und da gibt es mindestens vier Möglichkeiten.
Entweder: Wird er vielleicht noch nicht oder nicht mehr wichtig und bedeutend genug gehalten, um erwähnt zu werden? Des kann sich einer meistens gar net vorstellen. Am allerwenigsten der Erich Kiesl, weil der ist grad in einer spannenden Übergangsphase zwischen »Nicht mehr« und »Noch nicht«.
Oder: Wird er vielleicht für einen schwachen Mann gehalten? Weil – naufgschossen werden bekanntlich nur die Starken, denen mans zutraut, daß sie was aushalten. Darum muß ich hier schleunigst den Walter Zöller erwähnen. Der ist nämlich der starke Mann der Münchner CSU-Fraktion und der lehrt dem Kronawitter Schorsch ab sofort das Fürchten. Der Münchner OB tät auch schon gewaltig zittern, wenn er bloß auf die SPD angewiesen wär. Wenn er nicht unter dem Schutz des schneidigen schwarzen Sheriffs Peter Gauweiler stehn würde.
Und der schwarze Peter ist ja auch so ein starker Mann. Der erinnert mich allerweil an das tapfere Schneiderlein, das immer nach Riesen sucht, denen es mit seiner Kraft imponieren kann. Aber mit dem Innenminister Hillermeier hat er ja net den größten Riesen derwischt, den er das Fürchten lehren wollte.
Aber wie soll ich jetzt die beiden starken Männer im Stadtrat, den Zöller und den Gauweiler, derblecken? Wenn ich sag, die sind beide zum Fürchten, dann fühlen sich die ja bloß geschmeichelt. Und wenn ich sag, der Kronawitter werd noch viele Jahre vor ihnen zittern und dabei lang Oberbürgermeister bleiben, dann ist der Schorsch geschmeichelt und die andern san mir beide beleidigt.
Die dritte Möglichkeit, warum einer beim Derblekken nicht erwähnt werden könnte, ist die, daß einer einfach nicht aufgefallen ist – zum Beispiel der Hans Maier. Der Kultusminister ist bisher immer unangenehm aufgefallen. Drum hat er sich auch über Frozzeleien bei der Salvator-Probe nie beklagen können. Aber im letzten Jahr hat er arg nachlassen. Es ist so ruhig worden um ihn, daß ich mich schon erkundigt hab, ob er net vielleicht ins Kloster gangen ist.
Aber angeblich hat er sich deshalb so zurückgezogen, weil er aus Sorge um die vielen arbeitslosen Junglehrer an der Erfindung von einem Automaten gearbeitet hat. Der soll den Lehrern die Anpassung und damit die Einstellung erleichtern. Ja, des ist ein ganz einfacher Rasier-Automat. Der wird im Kultusministerium aufgestellt, und da kann jeder Lehrerkandidat sich gratis bedienen: einfach den Kopf neistecken, auf den Knopf drücken und schon ist er rasiert.
Da staunt jetzt der Jürgen Böddrich! Was meinen'S? Es hätte nicht jeder des gleiche Gsicht? Ja – vorher net, aber nachher!
Am schwierigsten ist es mit dem Mister Smog, dem Alfred Dick. Der früher so dasige Niederbayer fällt in

letzter Zeit immer öfter auf – teilweise auch angenehm. Aber meistens fallt er nur auf als »Bademeister der Staatsregierung«. Nicht weil der Umweltminister für Sauberkeit im Kabinett sorgen würde, sondern weil er immer alle Umweltprobleme ausbaden muß, die ihm andere Minister einbrocken.
Mit dem Smog-Alarm, da haben Sie sich ja was Sauberes angetan, Herr Dick. Sie haben des immer runtergespielt und verdrängt, weil Sie gemeint haben, des is was Schlimmes. Derweil reißen sich jetzt die Abgeordneten direkt drum! Ohne Smogalarm in ihrem Wahlkreis fühlen sich manche Sozialdemokraten direkt diskriminiert. Lösen S' halt öfters einen aus, es reagiert ja sowieso keiner drauf. Aber so mancher Abgeordnete denkt sich halt, wenn ich schon sonst im Nebel untergeh, dann könnt ich wenigstens amal durch einen Alarm auf mich aufmerksam machen.
Jetzt kommt noch die vierte Möglichkeit, wenn einer wirklich nichts angestellt hat. Nur des kann halt kein Politiker von sich glauben. Der Herr Jaumann schaut auch schon ganz verwundert, ob das vielleicht auf ihn zutreffen könnt. Ich möcht Ihnen wirklich nicht unterstellen, daß Sie in den fast zwanzig Jahren als Wirtschaftsminister keine Leichen im Keller hätten. Naa, aber ich frag mich halt, mit was ich Sie noch beleidigen könnt – nach dem, was Ihnen der Graf Lambsdorff schon alles kübelweis übern Kopf gschütt hat. Wenn des alles stimmt, was dieser rechte Berufsverteidiger von der FDP über Ihren Staatskapitalismus in Bayern gewettert hat, dann haben Sie gute Aussichten, daß Sie bei Ihren Freunden in Ungarn noch Ministerpräsident werden können. Weil hier können Sie's ja nimmer derwarten. Und den Traumjob für angehende Ex-Politiker, den hat Ihnen ja der Bruno Merk weggeschnappt – als Rot-Kreuz-Präsident mit Dienstwagen und zwei Schwestern.
Also, Sie haben jetzt schon gesehen, meine Damen und Herren, wie schwierig es ist, Leute zu derblecken, die schon drauf warten. Noch dazu Politiker, die so empfindsam sind – wenns um die eigene Haut geht. Ich geb mir ja jetzt schon fünf Jahr die größte Mühe, aber ich muß neidlos anerkennen: So gut kann ich das Politiker-Derblecken noch lang nicht wie der Herbert Wehner. Aber der wird ja auch schon seit 40 Jahr von der CDU bewundert – als überragender politischer Analytiker. Schad, daß er nicht da ist, weil der wüßt sicher über die CSU auch allerhand, net bloß über seine Genossen.
Nehmen wir doch lieber den Alfred Dregger als Beispiel fürs Derblecken. Weil des ist auch kein Bayer, da ist es mehr theoretisch. Wenn jetzt der Alfred Dregger zum Beispiel behaupten würde, daß er sich schon richtig drauf freut, wenn jetzt vielleicht der Erich Honecker, dieser deutsch-deutsche Bruder, im Sommer doch endlich nach Bonn kommt, dann darf man so einem hohen Herrn Fraktionsvorsitzenden net einfach an den Kopf schmeißen: »Sie lügen ja, Herr Dregger!« Da würde sein Kollege Vogel höchstens auf die feine bayerische Art blecken können: »Herr Dregger, Sie sind zu schön, um wahr zu sein.«
Ja, man darf nie zu einem Politiker sagen, daß er lügt. Aber Sie können im folkloristischen Rahmen über ihn lügen und erfinden, was Sie wollen. Da lacht er – vor allem in die Kamera. Da zeigt er, was für ein Humor in ihm steckt, welche Liberalität, und was für ein unbandiges Stehvermögen!

Bloß eines muß man beim Derblecken im Wirtshaus peinlichst vermeiden – und des hat halt der Wehner net gewußt, weil er kein Bayer ist: die Wahrheit darf man über keinen sagn! Weil da sinds echt beleidigt.
Prost Salvator!

PROST
SALVATOR
1987
FJS
FJS

*Grüß Gott, liebe Salvatorgemeinde!*

Ja, was sitzen denn da plötzlich für neue Gsichter? Da schaug her! Herr Kiechle, da brauchen Sie jetzt nicht gleich derschrecken. Ich mein ja nicht, daß Sie ein neues Gesicht haben. Obwohl S' dann vor den Bauern sicherer wären...
Und Sie, Herr Klein, haben ja schon gleich gar kein neues Gesicht. Bittschön, mir kanns recht sein, wenn man mit dem mageren Gschau heutzutags schon Minister werden kann...
Nein, ich wollt ja nur feststellen – und zwar mit Befriedigung! – daß mir auf dem Nockherberg endlich wieder frische Köpf vorgesetzt werden – zum Herbeuteln!
Aber halt – zuerst muß ich noch ein Grußwort verlesen, das der Herr Schneider vergessen hat. Ja, das ist ungewöhnlich, aber wichtig. Wo hab ich's denn? Es ist nicht vom Reagan, weil der schreibt nimmer viel, seit er in die Traufe kommen ist. Es ist nicht einmal vom Gorbatschow, obwohls mich wundert – ich glaub, wir sind die einzigen, denen er noch nicht gschrieben hat.
Ah, da hab ichs. Absender: Wien, Ballhausplatz.
*Hochverehrte Repräsentanten des Freistaates Bayern! Werte bayerische Sturschädel!*
*Namens der österreichischen Gesellschaft für Kränkungen des Auslands und mit untertänigster Empfehlung der Arbeitsgemeinschaft eingeschnappter Alpenländer entbiete ich Ihnen in unzerstörbarer gutnachbarlicher Freundschaft einen ehrerbietigen Gruß zur Anprobe des Heurigen...* Geh, was soll denn des! Ach so. ... *zur Anprobe des heurigen Salvators.*
*Mit verbindlichstem Servus, die Herren Minister und einem gschamigen Küß die Hand, Frau Minister Dr. Berghofer-Weichner sendet die Republik Österreich in untertänigster Verehrung die herrlichsten Grüße insbesondere an*
*den Bayerischen Landeshauptmann, Herrn Airbus-Präsidenten Dr. h.c. Franz Josef Strauß,*
*ferner den Landeshauptmann-Stellvertreter und Vize-Minister für beleidigte Einschreiben, Herrn Sozialingenieur Karl Hillermeier,*
*weiters den bayerischen Kriegsminister für die Alpen-Südschiene Herrn Magister Edi Stoiber...*
Naa, jetzt mag ich nimmer, des geht ja noch runter und runter bis zum August Everding!
Also, ich machs kurz: der Präsident Waldheim meint hier, es tät ihm sehr leid, daß der Franz Josef Strauß beim Opernball aa dabei war. Und ansonsten laufts auf des naus, was meine Mutter mir als Bub auch immer gsagt hat, wenns mich ghaut haben: Waarst net higanga!
Soweit das Grußwort aus Wien.
Ja, was gibts jetzt da zum Lacha? Eam schaug o! Da sitzt er ganz gmüatlich da, der Herr Strauß, lacht recht und denkt sich bloß: der soll sich nur plagen da droben beim Politiker-Derblecken! Ihm kann ja meine Krüglrede egal sein. Weil beleidigt muß doch wieder der Hillermeier sein! Aber das möcht ich gleich sagen: bei uns gelten diese neuen Spielregeln der bayerischen Staatsregierung nicht! Wenn hier einer glaubt, daß er zuviel schlucken muß, oder wenn einer was in den falschen Hals kriegt – dann muß er schon persönlich seine Lätschen hängen lassen! Ein stellvertretend Beleidigter steht nur dem Ministerpräsidenten zu – als Bayerische Staats-Leberwurst!
Da brauchen Sie garnicht so lachen, Sie – und überhaupt, von Ihnen bin ich ja sehr enttäuscht,

Herr Rothemund. Da werf ich Ihnen in alter Salvator-Freundschaft jedes Jahr die schönsten Grobheiten an den Kopf – damit Sie nicht bloß bekannt sind, sondern endlich auch so gefürchtet wie der Herr Dings. Na, dieser allgegenwärtige Dingsda von der FDP, ja – wie heißt denn der gleich wieder? Der zuerst beinah Münchner Oberbürgermeister wordn wär, dann wär er fast in Landtag gekommen und jetzt wär er ums Haar auch noch beinah Bundesjustizminister wordn. Aber leider wollte der Kohl sein Kabinett nicht verkleinern und mit einem Brunner-Buberl schon garnicht.

Sehen S', Herr Rothemund: dieser Brunner ist zwar lang nicht so bekannt wie Sie – aber viel mehr gefürchtet: Vor allem beim Herrn Engelhart ist er gefürchtet, aber es fürchten ihn auch noch die Hamm-Brücher, der Schorsch Kronawitter, der Walter Zöller und viele andere. Entschuldigen S' vielmals, Herr Zimmermann, Sie fürchten den Brunner natürlich auch. Bloß – die Bundesminister kommen erst viel später dran, weil von ihnen hat man ja lang nicht gewußt, welcher uns erhalten bleibt und wer uns vielleicht erspart bleibt.

Unter uns gesagt: das war ja auch direkt eine Frechheit von Euch! Da wird extra die Bundestagswahl auf den Januar zurückverlegt, damit der Herr Burger endlich einmal die Salvatorrede rechtzeitig schreiben kann und ich auswendig lernen. Und dann tritscheln die geschlagene sieben Wochen mit ihre Koalitionsverhandlungen rum! Und was ist dann schon dabei rausgekommen? Nichts. Nichts, was dem Hans-Jochen Vogel gefallen hätte!

Sie sind mir doch auch nicht bös, Herr Vogel, gell, daß Sie erst später drankommen? Obwohl man ja bei Ihnen auch immer noch nicht weiß, ob Sie jetzt das bleiben dürfen, was Sie sein müssen, oder ob Sie was werden sollen, was Sie gar nicht sein wollen. Nun ja, die Hauptsache ist ja, daß Sie's diesmal nicht gewesen sind – der die Wahl verloren hat. Praktisch sind Sie der einzige Sieger bei dieser Wahl gewesen – zumindest in der SPD. Aber wie gesagt, davon später. Ich hab nämlich dem Herrn Rothemund immer noch nicht erklärt, warum ich von ihm so enttäuscht bin.

Also, da tut man alles, damit er groß rauskommt, und dann schickt er uns gleich zwei Nachfolger in den Wahlkampf, die miteinander noch weniger bringen wie er selber. Herr Schöfberger und Herr Hiersemann, gell, Sie haben wahrscheinlich so gerechnet: Wenn wir uns möglichst nichts anmerken lassen, daß wir zusammengehören, dann kriegt jeder von uns 25 Prozent – und schon haben wir die absolute Mehrheit!

Ich weiß nicht, woran das liegt, daß wir die bayerische SPD ums Verrecken nicht übers Spofakl-Gwicht drüberbringen! Da liegen sie so schön rund und rosa auf ihrem Oppositions-Stroh und nuckeln an ihrer Molke, grunzen umeinander und beißen sich ab und zu gegenseitig ins Schwanzl. Aber sie nehmen nicht zu. Sie setzen kein Fleisch an – ich mein als Partei.

Mei, war gegen Euch der Peter Glotz noch mager, bevor er nach Bonn gegangen ist! Aber jetzt soll er ja wieder zurückkommen, der Bundesgeschäftsführer. Und dann soll er Vorsitzender vom Unterbezirk Bayern werden – hört man. Ja, was soll denn das für einen Sinn haben, Herr Glotz? Da hätten Sie doch zuerst bei de lustigen Holzhackerbuam in die Lehre gehen

sollen und dann erst mit dem Hackl in die Baracke nach Bonn! Na ja, vielleicht hilfts was, wenn Sie wieder zurückkommen, daß die Partei dann endlich zunimmt und Sie wieder ab.
Die Wahlergebnisse sind nämlich das einzig Magere an den Roten in Bayern. An der Politik der SPD kanns doch nicht liegen! Die ist doch wunderbar ausgewogen: tut niemand wohl und vielen wehe! Ein bißerl für die Gewerkschaften und ein bißerl gegen die Neue Heimat. Ein bißerl für die grünen Realos und ein bißerl gegen die alternativen Fundis; ein bißerl für den Atomstrom, aber scharf gegen die Kernkraft; ein bißerl für die Nato und ein bißerl raus. Für die Bauern höhere Preise, für die Verbraucher niedrigere – da ist doch für jeden etwas dabei: Und natürlich Solidarität mit allen Proletariern, auch wenn die längst keine mehr sein wollen. Ja, Herr Schöfberger, wenn Sie dauernd verbreiten, daß die CSU die Partei für die Reichen ist, dann treiben Sie denen doch die armen Schlucker auch noch zu. Weil die glauben dann, daß man vom CSU-Wählen automatisch reich wird!
Und Sie, Herr Hiersemann: Sollten Sie noch einmal als Spitzentänzer der SPD auftreten, dann müssen Sie mit ihren Plakaten besser aufpassen! Auf dem einen Plakat, wo Ihnen der Anzug zu klein war, da sind Sie durch die Landschaft gebrochen wie bei der Reklame für »Rambo III«. Auf dem andern Plakat, dem ganz großen – der Spruch war sehr gut: »Mehr Gewicht für die soziale Gerechtigkeit!« – aber Ihr Kopf hat nicht dazugepaßt. Da habn ja d'Leit gemeint, soziale Gerechtigkeit ist ein Mittel gegen Untergewicht. Obwohl, Sie können ja jederzeit gegen Magersucht demonstrieren, nur dürfen Sie auf einem Wahlplakat nie so grantig schauen! Oder Sie brauchen einen anderen Spruch – zum Beispiel: »Wählt SPD, sonst friß ich Euch!«
Lernts halt einmal was von der CSU! Und nehmts Euch ein Beispiel am Strauß! Der is viel zwiderer wie Sie, Herr Hiersemann. Aber auf de Wahlplakate, da lacht er! Da lacht er so goldig, wie wenn er des garnet glauben könnt, was er über Euch Sozi allerweil rumerzählt.
Außerdem kommts natürlich auf einen erfolgreichen Slogan an. Was Ihr von der SPD alles versprechts – von mehrer Gerechtigkeit bis weniger Rüstung –, des könnts doch garnet halten! Schauts die CSU an mit ihrem Wahlspruch: »Bei uns in Bayern ...!« Der verspricht gar nichts und das halten sie auch.
Aber die Probleme der bayerischen Sozialdemokraten liegen leider auch im Sprachlichen. Es ist ja schön, Herr Schöfberger, daß mit Ihnen endlich einmal wieder ein Landesvorsitzender auch der Landessprache mächtig ist. Aber so rücksichtslos brauchen S' doch davon auch nicht Gebrauch machen wie am Aschermittwoch in Vilshofen. Wenn Sie den Strauß so gschert herschimpfen wie er's selber kaum besser könnt – dann verstehn Sie doch die Roten in Franken nimmer und die preußischen Genossen in München erst recht net – des is doch ewig schad. Denn da versteht Sie der Hiersemann überhapt nimmer als preußischer Franke.
Oder wollen Sie das vielleicht garnicht? Ist es Ihnen lieber, wenn Sie mehr Verständnis bei den Grünen finden? Da gibts ja jetzt mehrer in der SPD, die glauben, daß die Leut sie wieder besser riechen können, wenn sie zuerst den Grünen in den Hintern gekrochen sind.

Der Herr Ministerpräsident hält die Grünen ja mehr für Bärentreiber, von denen die Sozi im Landtag vorgeführt werden wie Tanzbären, hat er gesagt. Aber Euch von der CSU muß man über de Grünen schon auch ein paar Bären aufgebunden haben, weil Ihr sie gar so fürchtet! Also, mich erinnern de schon eher an grüne Pfefferkörndl: Zuviel dürfens net werden, weil als Hauptmahlzeit wärns ungenießbar. Aber um die anderen ein bißerl aufzuwürzen, da sind sie garnicht schlecht. Und das gilt nicht nur für die SPD: Ihnen werden die Grünen schon auch noch ein paar Pfefferkörndl neistreun, Herr Strauß! – Wo? Im Landtag natürlich.

Aber weil wir gerade von der Opposition in Bayern reden – wo ist denn eigentlich heut der Hans Maier? Der ehemalige Kultusminister? Beim Kabinett ist er nicht, da kann er ja auch nimmer sitzen. Habts ihn vielleicht zur Wissenschaft hingeschoben: sitzt der am End schon auf dem leeren Stuhl vom Guardini? Oder is er ganz hinten, bei den Künstlern – unter den Malern, Sängern und Musikern? Halt – Orgelspieler ist er – und Katholik! Da muß der ja bei der Kirche sitzen, bei seiner Hausmacht! Und da ist er ja, Gott sei Dank!

Herr Maier, ich hab ghört, daß im Mai der Papst kommt zu Ihrer Seeligsprechung. Aber – was meinen S', Herr Prälat Maier? – Ach so, da ist der Rupert Mayer gemeint, nicht der Hans! Freilich, für den Hans Maier käme er ja auch schon z'spät, der Papst. Weil der ist ja schon heiliggesprochen – von den Medien, am Tag, wo er kein Minister mehr war. So schnell wird aus einem Konservativen aus Baden über Nacht ein Märtyrer der Liberalitas Bavariae. Da soll dann noch einer sagen, daß der Strauß keine Wunder wirken kann!

Aber deswegen werden Sie jetzt nicht auch gleich mit heiliggesprochen, Herr Strauß. Gell, das machen wir dann schon selber zur rechten Zeit. Und nur weil Sie in Bonn wieder nicht Außenminister sein mögen wollen – oder heißts jetzt können dürfen? Ist ja wurscht! Märtyrer sind Sie jedenfalls keiner. Schließlich hat Ihnen der Helmut Kohl das Innen-, Finanz- und Verteidigungsministerium angeboten. Ja, warum haben Sie denn das nicht angenommen? Da wären Sie doch wenigstens einmal ausgelastet gewesen – mit diesen drei Posten. Aber Sie haben sich halt gesagt: Ein guter Aufpasser ist wichtiger als drei Arbeiter.

Bloß in der Wahlnacht, Herr Strauß, da haben Sie ja schwer versagt – als Aufpasser für den Wolf Feller. Wie haben Sie das zulassen können, daß der BR-Chefredakteur derart angeheitert zum Dienst erscheint? Der hat Ihnen ja nicht einmal rechtzeitig seinen Kollegen in Bonn vorgestellt, obwohl Sie den ja schon drei Tag nicht mehr gsehn ghabt haben. Wer war des eigentlich wirklich, dieser Herr Schulze? Der Ihnen dann nicht einmal mehr Gelegenheit gegeben hat, daß Sie in der Bombenstimmung den vier anderen Parteivorsitzenden einmal gesagt hätten, was wirklich von ihnen zu halten ist. Der Herr Schulze tut zwar jetzt nichts mehr zur Sache. Aber Sie als Ministerpräsident haben doch eine gewisse Sorgfaltspflicht gegenüber einem Journalisten, der extra wegen Ihnen Chefredakteur geworden ist!

Jetzt stehn wir da und müssen fürchten, daß der Wolf Feller vielleicht garnimmer Programm-

direktor wird. Und der Dieter Hildebrandt freut sich schon diebisch, daß am End' der Helmut Oeller noch länger am Ausschalthebel der Macht sitzen bleibt. Wo der Oeller doch immer so fürsorglich war und auch noch mittelmäßige Sendungen durch rechtzeitiges Ausblenden zu einem Medien-Ereignis gemacht hat.
Jetzt hilft nur noch die Flucht nach vorn, Herr Vöth. Wenn schon der Wolf Feller nicht mehr zu retten ist, dann machen S' doch gleich den Edmund Stoiber zum Programmdirektor – bevor einer hinkommt, der was davon versteht! Und wenn einer sowieso schon immer alles besser weiß und das ganze Programm nach seinem Geschmack hobeln möcht – dann laßts ihm doch gleich die Arbeit auch machen!
Herr Huber, stelln S' doch dem Herrn Stoiber zur Kräftigung noch eine Maß Salvator hin! Weil der kriegt ja vom Bier keinen Rausch. Nur von der Macht.
Aber jetzt sind wir ganz von der Frage abgekommen, wie der Bundeskanzler wieder vier Jahr in Bonn durchstehen soll – ohne seinen Freund Franz Josef. Und das noch dazu bei der knappen Mehrheit, die er im Bundestag hat. Grad um die kleinste bayerische Maßeinheit – ums Arschlekken – ist er wiedergewählt worden. Aber er hat sich halt auch zuviele Feinde gemacht mit seinen harten Entscheidungen.
Ja, wenn er schon sieht, daß die Posten hinten und vorn nicht reichen, dann hätt er halt in Gottsnamen noch ein paar Sonderminister ernannt! Können wir uns doch leisten. Zum Beispiel auch für Kohl einen eigenen Minister, der immer für ihn beleidigt ist und sich über Kabarettisten beschwert. Und einen weiteren Minister, der sich umgekehrt immer reihum entschuldigt, wenn der Kanzler wieder irgendwo in ein Fettnäpfchen neitreten ist. Einen dritten Sonderminister könnt er leicht damit beschäftigen, daß der immer für die übrigen Kabinettsmitglieder die Gerichtstermine wahrnimmt. Da hätt' man dem Schwarz-Schilling und dem Graf Lambsdorff eine Menge Zeit ersparen können.
Stattdessen laßt der Kohl ein paar Minister und Staatssekretäre gehn und schafft sich neben dem Verlust noch politische Märtyrer. Der Dollinger ist auch auf dem Koalitions-Altar geopfert worden. Aber für den Verkehrsminister war das auch wieder wichtig. Weil dadurch ist wenigstens bekannt worden, daß es den auch gegeben hat.
Dem Oskar Schneider, unserm Wohnungsbauminister, hat das nicht passieren können. Weil der is schon früher bekannt wordn – durch die Pleite von der Neuen Heimat. Da hat er ja eine bedeutende Rolle gespielt: erstens hat er nichts dafür bekommen, zweitens hat er nichts dagegen machen können und drittens ist dann alles ganz anders gekommen. Und diese drei Positionen hat er sehr wirkungsvoll vertreten.
Man macht sich ja um jeden Sorgen, wenn der Kanzler ewig keine Regierung zammbringt. Also der Kohl ist doch jetzt sieben Wochen draufgesessen auf seinem Kabinetts-Gelege wie eine Bruthenne. Und dann hat er doch wieder alle faulen Eier drinlassen!
Aber damit sind natürlich nicht Sie gemeint, Herr Kiechle. Sie sind ja nicht faul. Sie sind als Landwirtschaftsminister eher ein politisches Windei. Ja, jedesmal wenn er in Brüssel Wind sät, dann erntet er daheim bei den Bauern Sturm.
Bloß eines versteh ich nicht, Herr Kiechle: Da

ES LEBE MAJESTIX...
...UNSER CHEF!
Hanitzsch frei nach Uderzo

jammern die Funktionäre vom Bauernverband seit Jahren immer vom Bauernsterben, und wenn man sich dann so eine Massen-Demonstration im Fernsehen anschaut, dann gibts doch nur zwei Möglichkeiten: entweder sie sind wieder alle auferstanden, die gestorbenen Bauern, oder sie sind immer noch zuviel. Aber darüber dürfen sie nicht lachen – das versteh ich schon.
Zu den faulen Eiern, auf denen der Kohl sitzen geblieben ist, können Sie natürlich auf keinem Fall schon gehören. Da sind Sie ja noch viel zu neu, Herr Entwicklungsminister. Windei sind Sie auch keines, Herr Klein, weil Sie in der Außenpolitik bisher nur mehr gesäuselt haben. Das Hänschen Klein ist höchstens ein Kuckucksei vom Strauß, das er dem Genscher gelegt hat.
Also, wenn wir schon bei dem politischen Eierhandel vom Kohl sind, Herr Zimmermann, dann trifft Sie die Rolle vom Spiegelei. Sie werden ja jeden Tag in die Pfanne gehauen! Wie wichtig Sie sind, was wir an Ihnen haben, das ist erst so richtig klar geworden, wie der Strauß gedroht hat, daß er notfalls auf Ihren Posten verzichtet. Mein Lieber, da sind's vielleicht alle erschrocken! Das wär langweilig geworden in Bonn!
Weniger Terroristen und Agenten wie Sie hätt' ein Liberaler als Innenminister auch nicht fangen können. Aber ab Herbst wird ja dann alles besser: da werden die Kronzeugen grad so reindrücken in Ihr Ministerium – ohne Vermummung! Weil da lassen die Terroristen sofort alle ihre Masken fallen, jeder deutet dann auf den anderen und sagt: Der wars – das kann ich bekronzeugen.
Ja, und dann muß der Engelhart wieder alle laufen lassen. Aber das ist dem – als Rührei der Koalition – sowieso das Liebste: wenn alles läuft.
Um Sie, Herr Engelhart, haben wir uns ja fast noch mehr Sorgen gemacht als um den Zimmermann. Weil dem hat der Kohl mit dem Umweltschutz ja nur einen Fuß abgenommen. Aber bei Ihnen, Herr Engelhart, da hätt's ja beinah den Kopf erwischt! Und wo hätt er denn dann seine Pfeifa neingsteckt?
Der Herr Strauß hat ja im Wahlkampf verbreitet, der Engelhart wär so langsam, daß ihm der Stundenzeiger immer den Bleistift aus der Hand haut. Das ist ja die reinste Verleumdung, weil das schauert ja grad so aus, als ob Sie noch keinen Füllfederhalter hätten! Außerdem – der Herr Engelhart hat doch sehr schnell zugesagt, daß er gern wieder Justizminister werden möcht. Was kann denn er dafür, wenn die andern so lang überlegen, obs ihn wieder wollen?
Nein, Herr Vogel, da dürfen Sie jetzt nicht mitlachen. Sonst müßt ich Sie fragen, wie lang das mit der Nachfolge vom Willy Brandt noch dauert! Wenn Sie schon übern Eierhandel von der Koalition lachen, dann müßt man auch über die seltsame Geflügelzucht von der SPD reden – über de Emanzen-Gäns, de Polit-Anterer und de rotgschopferten Kampf-Gickerl! Bei Euch dreht sich immer alles um die Flügel: Da gibts einen rechten Flügel, einen linken Flügel, einen grünen Flügel und einen Gewerkschaftsflügel – ja was soll denn das? Ihr Sozi züchtets da ein vierflügeliges Parteihendl her, aber als Kanzler-Kandidaten habts dann doch nur noch Einflügler. Der Rau ist mit dem rechten Flügel auf die Nasen gefallen, und jetzt hebt der Lafontaine mit seinem linken Flügel zum nächsten Blindflug ab. Zielt forsch auf die Grünen und fliegt ins Blaue, der Anfänger!

Aber er – der erfahrenste Vogel der SPD – er kreist schweigend mit breiten Schwingen über der gackernden Schar der Parteihühner wie ein alter Steinadler. Und wartet, bis der laute Ruf der Partei nach ihm in seine einsame Höhe dringt. Sind S' vorsichtig, Herr Vogel, wenn Sie sich zu lang von den Genossen betteln lassen, könnt leicht der Verdacht aufkommen, daß Sie schon schwerhörig sind.

Wenn man schon so viele Himmelfahrtskommandos hinter sich hat wie Sie, dann bewirbt man sich nicht mehr um ein neues. Da kann man warten, bis einen das Parteivolk von selber auf den Schild erhebt. Wie schnell die einen dann wieder fallen lassen, wissen Sie sowieso.

Es ist ja auch ein undankbares Geschäft in der heutigen Politik, wo plötzlich der Enkel-Boom ausgebrochen ist. Der Kohl hat sich dem Adenauer selber als Enkel in die Schuh geschoben wie dem verkauften Großvater. Der Lafontaine wird zum politischen Enkel vom Willy Brandt aufpoliert und der Gauweiler spielt inzwischen das freche Enkelkind vom Strauß. – Ja, ganz der Opa!

Und das alles bloß, weil die alten Herren nie politische Söhne haben groß werden lassen. Jetzt verziehns dafür die Enkel und die terrorisiern ihre Väter! Dem Streibl und dem Tandler ist es ja auch nicht anders gegangen. Im Januar sind sie noch als Kronprinzen ins Wettrennen um die Strauß-Nachfolge geschickt worden – und jetzt macht er wieder selber weiter.

Herr Tandler, um Sie brauch ich keine Angst haben. Sie haben die Strauß-Rolle inzwischen schon so gut einstudiert – wenns mit der Strauß-Nachfolge nicht klappen sollte – da haben Sie immer noch große Chancen. Sie könnten doch Nachfolger vom Walter Fitz werden – als Strauß-Darsteller!

Schwieriger wird es beim Max Streibl. Der bayerische Finanzminister hat sich schon überall dermaßen eingeschmeichelt! Der hat ständig Steuersenkungen versprochen und dauernd an die Steuerzahler Spartips verteilt – bloß weil er gemeint hat, wenn er Ministerpräsident wird, dann kann ein anderer Finanzminister schaun, wie er mit weniger Geld auskommt. Und jetzt sitzt er selber da und kann in den nächsten Jahren seinen Schrumpf-Etat zammkratzen! – Da lacht er bloß! Der wird überhaupt nicht nervös. Da merkt man halt: das ist die alte Schule vom Alfons Goppel. Dem seine Parole hat geheißen: Der Landesvater muß ja in Bayern vor allem ein sonniges Gemüt haben. Den Ärger delegiert man an seine Minister.

Und daran sollte sich die CSU manchmal erinnern, weil so eine gmahte Wiesen ist die bayerische Wahl-Landschaft auch schon lang nimmer. Die 62 Prozent von einst sind schon sauber abgebröselt. Und warum? Weil die CSU vergessen hat, was das Geheimnis des Erfolges damals gewesen ist, nämlich das klassische Nikolaus-Gespann Goppel-Strauß: Der Heilige fürs Land und der Krampus für die Preußen in Bonn!

Darum trainiert ja der Streibl Max schon so eifrig für die Rolle vom neuen sonnigen Heiligen als Landesvater. Bloß der Tandler muß aufpassen, daß ihn der Gauweiler nicht als Krampus an die Wand spielt. Der soll ja sehr begabt sein. Von dem hat der Erich Kiesl einmal gesagt: »Der Peter Gauweiler ist ein Meister im Melken politischer Kühe – bloß am Schluß schmeißt er immer

den Eimer um.« Und der Kiesl weiß, was er sagt: weil, der war in dem Eimer schon drin!
Sie passen da ja gar nirgends rein, Herr Waigel. Schad. Ja, in Bonn tritt der Theo Waigel nicht gern drohend mit der langen Rute auf. Da lauft er eher wie ein Koalitionsmechaniker herum und gießt überall Öl rein – bloß nicht ins Feuer. Er ist mehr der Schmier-Maxe der Bundesregierung, wenns wieder amal knirscht im Getriebe. Als Landesvater eignen Sie sich aber auch nicht, weil Sie werden ja jetzt Bezirksvorsitzender von Schwaben. Und die Schwaben sind halt in Bayern nicht zum Repräsentieren da sondern zum Arbeiten. Außerdem sind die Schwaben beim Strauß immer ein bißerl verdächtig als die »Niederlande der CSU«, wo gern der Aufruhr tobt. Schaun S', das ist die politsche Heimat vom Ex-Minister Merk, vom Ex-Minister Heubl, vom Ex-Minister Maier und vom Ex-Minister Anton Jaumann. Naa – halt! Der is zwar beim Strauß auch schon längst ex, bloß noch zu gewichtig als Wirtschaftsminister.
Aber der Jaumann hats jetzt zumindest vorgemacht, wies geht. Er wartet nicht auf den politischen Enkel, sondern er hat gesagt: »Dieses ist mein geliebter Sohn Theo, an dem ich mein Wohlgefallen habe!« Leider schwebt über dem Theo Waigel aber ein Hauch von Landesverrat: der ist nämlich trotz der bayerisch-österreichischen Krise vorigs Jahr vom Strauß bei den Salzburger Festspielen ertappt worden!
Aber wir brauchen uns sowieso keine grauen Haar wachsen lassen, weil der Franz Josef Strauß hat inzwischen eine solche Freud an dem Amt des Bayerischen Ministerpräsidenten! Der macht ja alles selber – jetzt sogar seine eigene Nachfolge. Herr Dick, da haben Sie schon auch einen schweren Fehler gemacht: Zuerst essen Sie großspurig löffelweise verstrahlte Molke, damit man sieht, wie harmlos die ist. Und dann sickert erst durch, daß man von dem Zeug langsam amtsmüde wird. Ja, wenn man durch diese Molke die Lust am Regieren verliert, warum haben Sie denn da net rechtzeitig eine Verjüngerungskur für die Politiker damit gemacht? Ein Löfferl voll für den Reagan, ein Löfferl voll für den Brandt, ein Löfferl voll für den Waldheim und zwei Löfferl voll für Ihren Ministerpräsidenten.
Aber Söhne hin – und Enkel her! Solang wir unsere politischen Opas noch haben, müssen wir sie schon auch hochleben lassen. Natürlich nicht mit Molke – und schon garnicht mit dem chemischen EG-Plempel, sondern mit dem weiterhin nur nach dem bayerischen Reinheitsgebot gebrauten, mit unserem kräftigen, süffigen Salvator.

Und darum trinken wir jetzt – ja auf was trinken wir denn?
Möglichst auf irgendwas, was den Strauß freut und den Vogel nicht ärgert.
Ja, jetzt hab ichs! Trinken wir auf die unverbrüchliche, unzerstörbare und vor allem unbegreifliche – bayerische Freundschaft mit Österreich!
Prost Sturschädel! Prost Salvator!

Dem Herrn Minister schmeckt wohl mein EURO-Bier nicht?!
Erlaubte Zusätze
EURO BIER
Hanitzsch